Les recettes ont été rédigées par Julia MANZAT.

Les photographies sont de SAEP/Jean-Luc SYREN et Valérie WALTER *sous la direction artistique de* Jean-Luc SYREN.

Les plats ont été préparés par Philippe KIENTZLER.

La coordination a été assurée par SAEP/Éric ZIPPER.

Composition et photogravure : SAEP/Arts Graphiques.

Impression : Union Européenne.

Conception : SAEP CRÉATION
68040 INGERSHEIM - COLMAR

croûte dorée et cœur tendre

TOURTES

ÉDITIONS S.A.E.P. 68040 INGERSHEIM - COLMAR

Signification des symboles accompagnant les recettes

Recettes

✕	élémentaire
✕✕	facile
✕✕✕	difficile

Recettes

O	peu coûteuse
OO	raisonnable
OOO	chère

Les tourtes reviennent au goût du jour. De la tourte forestière de bœuf aux champignons à celle de blettes niçoise en passant par la tourte de gambas aux asperges et celle de pigeon au cinq-épices, voici 110 recettes de tourtes.

Depuis 1611, ces pâtisseries classiquement de forme ronde sont fourrées au poisson, à la viande, aux légumes ou aux fruits. Elles sont le plus souvent couvertes en pâte brisée ou feuilletée, et leur jolie présentation embellit une table. En forme de poisson, de coquillage ou de tête de clown, elles raviront vos amis et amuseront vos enfants. En entrée, en plat principal ou en dessert, telle la tourte de chocolat à la menthe, les tourtes conviennent à toutes les étapes d'un repas. Et à tous les repas : du petit-déjeuner au dîner en passant par le goûter et le déjeuner.

Idéale pour un repas en famille ou entre amis, la tourte est généralement servie pour une tablée de six à huit personnes. Mais, pour un dîner en tête à tête ou pour varier les présentations, elle peut se préparer en part individuelle, dans de minimoules à tarte. Mais, attention, dans ce cas, leur conception sera plus longue puisqu'il faut remplir chaque fond de tarte de garniture, puis la couvrir et décorer le dessus ! Finalement, la tourte n'est rien d'autre qu'une tarte couverte. Un atout indéniable pour surprendre vos invités : si vous la servez telle quelle, vos convives auront la surprise de découvrir à quoi elle est fourrée. Excellente idée pour un anniversaire ou une *surprise party*. Les bonnes odeurs qui se dégagent par le trou de sa cheminée ouvriront l'appétit de tous vos invités. Alors, enjolivez votre tourte, bonne cuisine et régalez-vous !

LES INGRÉDIENTS ET LES USTENSILES

Pour réaliser une tourte, il faut nécessairement :
- 1 rouleau à pâtisserie si vous faites votre pâte vous-même ;
- 300 à 500 g de pâte pour réaliser le fond et couvrir la tourte ;
- 1 garniture pour remplir la tourte, de 80 à 100 g par personne ;
- 1 moule à tarte ou 4, 6 ou 8 minimoules individuels ;
- 25 g de beurre pour beurrer le(s) moule(s) ;
- vos doigts ou une pince à tarte pour réunir la pâte du dessous avec celle du dessus ;
- 1 paire de ciseaux pour découper la pâte en trop ;
- 1 feuille de papier d'aluminium pour réaliser une cheminée ;
- 1 œuf et 1 pinceau pour coller les découpes décoratives de pâte sur le dessus ;
- 1 jaune d'œuf et 1 pinceau pour badigeonner la tourte afin de la faire dorer ;
- 1 four pour faire cuire la tourte.

LES ÉTAPES DE LA FABRICATION

Réaliser une tourte ne signifie pas nécessairement une journée aux fourneaux ! La plus longue à faire cuire étant la tourte traditionnelle finlandaise, qui demande 4 heures 30 minutes de cuisson ! Mais vous pouvez décider d'optimiser au maximum votre temps en faisant une tourte express.

Les amateurs de cuisine traditionnelle réaliseront quant à eux les recettes les plus longues de A à Z comme un véritable cuisinier !

	Version longue	Version courte
Pâtes à pâtés, briochée, brisée, sablée	30 min + 1 nuit	0 min
Pâte feuilletée	50 min + 2 h 30 min + 1 nuit	0 min
La garniture	25 à 45 min	10 à 20 min
La présentation	30 à 40 min	5 à 10 min
La cuisson	45 min à 1 h 30 min	25 à 40 min
Total	2 h 10 min + 1 nuit Ou 6 h 15 min + 1 nuit	40 min à 1 h 10 min

LES PÂTES

Réaliser une pâte à tourte demande toujours du temps. Sa préparation étant longue, vous pouvez la commander à votre boulanger ou à votre pâtissier. Autre possibilité : l'acheter au rayon frais ou au rayon surgelés de votre grande surface. Il existe désormais une variété de pâtes non négligeable : pâte brisée ou feuilletée classique, pâte à l'huile d'olive et au basilic et même pâte à la cannelle et au sucre roux. Vous devriez trouver celle qui vous convient ! Si vous décidez de la préparer vous-même, sachez que votre pâte se conserve parfaitement au réfrigérateur environ une semaine, farinée et au sec dans un sac plastique. Sortez-la à l'avance pour qu'elle rehausse sa souplesse avant de passer sous votre rouleau à pâtisserie. Quant à la plus succulente des pâtes feuilletées, elle se fait au beurre. Elle est par ailleurs délicieuse à déguster froide.

TAILLE DU FOND DE PÂTE

Pour vous faciliter la tâche, voici comment calculer le diamètre du disque du fond de pâte à tourte.

Pour un moule à tourte de 30 cm de diamètre et de 3 cm de hauteur :
diamètre du fond : 30 cm
+ 2 fois la hauteur du moule : 2 x 3 = 6 cm
+ 1 rabat de 2 cm : 2 x 2 cm = 4 cm
= 1 diamètre de pâte : 30 + 6 + 4 = 40 cm

LA CUISSON D'UNE TOURTE

Pour bien faire cuire votre tourte, commencez par préchauffer votre four à 210 °C (th. 7) ou à 230 °C (th. 7-8) pendant 10 minutes. Ensuite, ramenez la température à 180 °C (th. 6) ou 210 °C (th. 7), selon votre four, et enfournez la tourte.

LA PRÉSENTATION DES TOURTES

Pour varier la présentation des tourtes, transformez-vous en artiste et modelez la pâte en une forme originale. Vos convives n'en seront que plus épatés. Poisson, coquillage, crabe, dauphin ou pigeon, fleur, cœur, étoile ou clown... dessinez la forme qui vous tente en vous aidant avec le manche d'un couteau.

Pour les finitions, décorez le dessus des tourtes en découpant des formes dans les chutes de pâte : feuilles, cœurs ou losanges, vous avez le choix !

TOURTE EXPRESS

Des amis ou de la famille arrivent à l'improviste ? Qu'à cela ne tienne. Vous pouvez réaliser une tourte express en un tour de main. Pour cela, rien de plus simple. Il suffit d'avoir dans ses placards et son réfrigérateur :

- 2 pâtes prêtes à l'emploi ;
- 75 cl de potage ou de bouillon ;
- 200 à 800 g de reste de viande ou de poisson ;
- 200 à 800 g de reste de légumes ou de légumes congelés ou en boîte.

Il ne vous reste plus qu'à mélanger le tout. Salez et poivrez. Ajoutez quelques herbes aromatiques si vous le souhaitez. Beurrez un moule à tarte. Posez un disque de pâte. Piquez la pâte avec une fourchette. Versez la garniture.

Couvrez avec un disque de pâte et réunissez les rebords des deux pâtes. Au centre, creusez un trou et mettez-y une cheminée en papier d'aluminium.

Enfournez pendant 20 minutes à 180 °C-200 °C (th. 6-7) et servez avec une salade prête à l'emploi et un vin de votre choix.

En 25 minutes, montre en main, le tour est joué !

RÉUNIR LES DEUX PÂTES

Voici comment bien réaliser votre tourte.

Beurrez un moule à tarte.

Posez un disque de pâte dont les bords sont laissés retombants à l'extérieur du moule.

Piquez la pâte avec une fourchette.

Versez la garniture aux trois quarts de la hauteur du bord.

Couvrez avec un disque de pâte et réunissez les rebords des deux pâtes en pinçant avec les doigts ou avec une pince à tarte afin de bien souder l'ensemble.

Vous avez alors formé une crête régulière d'environ 1 cm de hauteur. Découpez aux ciseaux la pâte en trop. Servez-vous-en pour la décoration.

Au centre du dessus de pâte, creusez-y un trou d'environ 2 cm de diamètre et mettez-y une cheminée du même diamètre en papier d'aluminium en triple épaisseur.

Badigeonnez le dessus de jaune d'œuf et décorez-le.

Vous pouvez enfourner votre tourte !

PÂTE BRISÉE

Préparation : 30 min – Repos : 1 h

6 pers. XXX O

250 g de farine / 250 g de beurre / Quatre pincées de sel.

Incorporer la farine et le sel dans une terrine.

Couper le beurre en tout petits morceaux. Les faire glisser dans la terrine et travailler la pâte du bout des doigts jusqu'à obtenir un mélange sableux.

Ajouter petit à petit 7 cuillerées à soupe d'eau et travailler la pâte.

Mettre la pâte obtenue en boule. L'enrouler de film plastique. Mettre au réfrigérateur pendant 1 heure.

Fariner le plan de travail. Y poser la boule de pâte. L'assouplir avec les mains et avec un rouleau à pâtisserie. Partir du centre pour aplatir la pâte et obtenir un disque d'une épaisseur de 1 cm. Retourner la pâte et renouveler l'opération pour obtenir une épaisseur de 3 mm.

PÂTE BRISÉE SUCRÉE

Préparation : 30 min – Repos : 1 nuit

6 pers. XXX O

250 g de farine / 40 g de sucre en poudre / 150 g de beurre / 2 jaunes d'œufs / 5 g de sel.

Incorporer la farine, le sucre et le sel dans une terrine.

Couper le beurre en tout petits morceaux. Les faire glisser dans la terrine et travailler la pâte du bout des doigts jusqu'à obtenir un mélange sableux.

Incorporer les jaunes d'œufs. Ajouter petit à petit 5 cl d'eau et écraser avec une fourchette.

Mettre la pâte obtenue en boule. L'enrouler de film plastique. Mettre au réfrigérateur pendant 1 nuit.

Fariner le plan de travail. Y poser la boule de pâte. L'assouplir avec les mains et avec un rouleau à pâtisserie. Partir du centre pour aplatir la pâte et obtenir un disque d'une épaisseur de 1 cm. Retourner la pâte et renouveler l'opération pour obtenir une épaisseur de 3 mm.

PÂTE BRIOCHÉE

Préparation : 30 min – Repos : 1 h + 1 nuit 6 pers. XXX O

250 g de farine / 25 g de sucre en poudre / 9 g de levure / 2,5 cl de lait / 4 œufs / 175 g de beurre / 5 g de sel.

Incorporer la farine, le sucre et le sel dans une terrine. Ajouter la levure mélangée au lait et les œufs. Malaxer pendant 15 minutes.

Couper le beurre en tout petits morceaux. Les faire glisser dans la terrine et travailler la pâte du bout des doigts.

Écraser avec une fourchette.

Mettre la pâte obtenue en boule. Laisser reposer et lever pendant 1 heure. Malaxer pendant 5 minutes de plus. L'enrouler de film plastique. Mettre au réfrigérateur pendant 1 nuit.

Fariner le plan de travail. Y poser la boule de pâte. L'assouplir avec les mains et avec un rouleau à pâtisserie. Partir du centre pour aplatir la pâte et obtenir un disque d'une épaisseur de 1 cm. Retourner la pâte et renouveler l'opération pour obtenir une épaisseur de 3 mm.

PÂTE DEMI-FEUILLETÉE

Préparation : 50 min – Repos : 2 h 30 + 1 nuit 6 pers. XXX O

250 g de farine / 250 g de beurre / Quatre pincées de sel.

Incorporer la farine et le sel dans une terrine.

Couper le beurre en tout petits morceaux. Les faire glisser dans la terrine et travailler la pâte du bout des doigts jusqu'à obtenir un mélange sableux.

Ajouter petit à petit 7 cuillerées à soupe d'eau et écraser avec une fourchette.

Mettre la pâte obtenue en boule. L'enrouler de film plastique. Mettre au réfrigérateur pendant 1 heure.

Fariner le plan de travail. Y poser la boule de pâte. L'aplatir avec un rouleau à pâtisserie en partant du centre. La retourner et renouveler l'opération pour aboutir à un rectangle de 60 cm sur 28 et de 1 cm d'épaisseur.

Ramener les deux côtés de 28 cm au centre. Renouveler l'opération. Étaler la pâte. Plier. Étaler de nouveau. Plier encore une fois.

Enrouler la pâte de film plastique. Réfrigérer pendant 2 heures.

Renouveler l'opération « plier la pâte en deux, l'étaler, la replier » deux fois. Réfrigérer entre les deux opérations puis pendant 1 nuit.

PÂTE SABLÉE À LA VANILLE ET À LA POUDRE D'AMANDE

Préparation : 30 min – Repos : 1 nuit 8 pers. XXX O

250 g de farine / 1/2 sachet de levure chimique / 200 g de beurre / 1 gousse de vanille / 150 g de sucre glace / 3 jaunes d'œufs / 50 g de poudre d'amande / 5 g de sel.

Incorporer la farine et la levure chimique dans une terrine. Mélanger.

Couper le beurre en tout petits morceaux. Le faire ramollir à température ambiante.

Couper la gousse de vanille en deux dans le sens de la longueur, et récupérer les graines.

Mélanger le beurre avec le sel, les graines de vanille et le sucre glace. Verser les 3 jaunes d'œufs. Ajouter la poudre d'amande et petit à petit la farine-levure. Bien mélanger le tout.

Mettre la pâte obtenue en boule. L'enrouler de film plastique. Mettre au réfrigérateur pendant 1 nuit.

Fariner le plan de travail. Y poser la boule de pâte. L'assouplir avec les mains et avec un rouleau à pâtisserie. Partir du centre pour aplatir la pâte et obtenir un disque d'une épaisseur de 1 cm. Retourner la pâte et renouveler l'opération pour obtenir une épaisseur de 3 mm.

PÂTE À PÂTÉS

Préparation : 30 min – Repos : 1 nuit 6 pers. XXX O

250 g de farine / 80 g de beurre / 40 g de saindoux / 2 jaunes d'œufs / 3 g de sel.

Incorporer la farine et le sel dans une terrine. Couper le beurre en tout petits morceaux. Les faire glisser avec le saindoux et les jaunes d'œufs dans la terrine et travailler du bout des doigts.

Ajouter petit à petit 3,5 cl d'eau et écraser avec une fourchette.

Mettre la pâte obtenue en boule. L'enrouler de film plastique. Mettre au réfrigérateur pendant 1 nuit.

Fariner le plan de travail. Y poser la boule de pâte. L'assouplir avec les mains et avec un rouleau à pâtisserie. Partir du centre pour aplatir la pâte et obtenir un disque d'une épaisseur de 1 cm. Retourner la pâte et renouveler l'opération pour obtenir une épaisseur de 3 mm.

TOURTE AUX ARTICHAUTS PARFUMÉE À L'AIL ET AU BASILIC

Préparation : 15 min – Cuisson : 45 min 6 pers.

2 citrons / 25 cl de vin blanc / 10 fonds d'artichaut / 3 gousses d'ail / 1 cuil. à café de basilic / 10 cl d'huile d'olive / 3 tomates pelées / 20 g de beurre / 400 g de pâte brisée (p. 12) / 1 jaune d'œuf / Sel, poivre.

Presser le jus des citrons.

Dans une casserole, faire chauffer 1 l d'eau avec le vin blanc et le jus de citron. Ajouter les fonds d'artichaut et laisser cuire pendant 10 minutes sur feu vif. Égoutter.

Peler et hacher l'ail. Le mélanger au basilic avec l'huile et les fonds d'artichaut ainsi que les tomates pelées coupées en petits cubes. Saler et poivrer.

Beurrer un moule à tarte. Poser un disque de pâte brisée. Piquer la pâte avec une fourchette. Verser la garniture aux artichauts. Couvrir avec un disque de pâte brisée et réunir les rebords des deux pâtes. Au centre, creuser un trou et y mettre une cheminée en papier d'aluminium. Badigeonner le dessus de jaune d'œuf et le décorer.

Enfourner pendant 35 minutes à 180 °C (th. 6).

Décorer les assiettes avec les feuilles d'artichaut cuites accompagnées d'une vinaigrette.

TOURTE D'ASPERGES AU JAMBON ET AU GRUYÈRE

Préparation : 15 min – Cuisson : 38 min 4 pers.

500 g d'asperges / 45 g de beurre / 4 œufs + 1 jaune / 25 cl de crème fraîche / 50 g de gruyère / 1 tranche de jambon épaisse / 300 g de pâte feuilletée / Sel, poivre.

Éplucher les asperges, les couper en morceaux et les jeter pendant 5 minutes dans une casserole d'eau bouillante salée. Égoutter.

Dans une poêle, les faire revenir dans 25 g de beurre pendant 3 minutes sur feu moyen.

Mélanger les 4 œufs à la crème fraîche et au gruyère râpé. Saler et poivrer.

Couper le jambon en petits morceaux.

Beurrer un moule à tarte. Poser un disque de pâte feuilletée. Piquer la pâte avec une fourchette. Étaler les morceaux de jambon, les asperges, puis la garniture au gruyère. Couvrir avec un disque de pâte feuilletée et réunir les rebords des deux pâtes. Au centre, creuser un trou et y mettre une cheminée en papier d'aluminium. Badigeonner le dessus de jaune d'œuf et le décorer.

Cuire pendant 30 minutes à 180 °C (th. 6).

Décorer les assiettes avec des mini-asperges vertes et blanches à la vinaigrette.

TOURTE DE BLETTES TOSCANE

Préparation : 20 min – Cuisson : 43 min 6 pers. ✕ O

150 g de jambon cru italien / 500 g de vert de blette / 1 gousse d'ail / 2 cuil. à soupe d'huile d'olive / 400 g de ricotta / 4 œufs + 1 jaune / 20 g de beurre / 400 g de pâte demi-feuilletée (p. 14) / 20 g de pignons de pin / Sel, poivre.

Couper le jambon en petits morceaux.

Laver et sécher les feuilles de blette. Les couper en fines lanières. Peler et hacher l'ail.

Dans une poêle, faire revenir les blettes avec l'ail pendant 3 minutes dans l'huile d'olive. Saler et poivrer.

Mélanger la ricotta avec les blettes et les 4 œufs.

Beurrer un moule à tarte. Poser un disque de pâte demi-feuilletée. Piquer la pâte avec une fourchette. Verser la garniture aux blettes, ajouter le jambon, les pignons. Couvrir avec un disque de pâte demi-feuilletée et réunir les rebords des deux pâtes. Piquer la pâte avec une fourchette. Au centre, creuser un trou et y mettre une cheminée en papier d'aluminium. Badigeonner le dessus de jaune d'œuf et le décorer.

Enfourner pendant 40 minutes à 180 °C (th. 6).

TOURTE DE BLETTES NIÇOISE

Préparation : 20 min – Cuisson : 25 min – Trempage : 1 h 6 pers. ✕ O

100 g de raisins secs / 5 cl d'eau-de-vie / 1 bouquet de feuilles de blette / 2 figues sèches / 150 g de cassonade / 50 g de parmesan / 100 g de pignons de pin / 1 cuil. à café d'huile d'olive / 1 citron / 2 œufs + 1 jaune / 6 pommes reinette / 20 g de beurre / 400 g de pâte feuilletée / Poivre.

Mettre les raisins à tremper dans l'eau-de-vie pendant 1 heure.

Laver et sécher les feuilles de blette. Les couper en fines lanières. Hacher les figues.

Mélanger la cassonade avec le parmesan râpé, les pignons, les raisins, l'huile d'olive, le jus de la moitié du citron, les 2 œufs, les figues et les blettes. Poivrer légèrement.

Peler les pommes et les couper en fines tranches.

Beurrer un moule à tarte. Poser un disque de pâte feuilletée. Piquer la pâte avec une fourchette. Verser la garniture et poser les tranches de pomme. Couvrir avec un disque de pâte feuilletée et réunir les rebords des deux pâtes. Piquer la pâte avec une fourchette. Badigeonner le dessus de jaune d'œuf et le décorer.

Enfourner pendant 25 minutes à 180 °C (th. 6).

Saupoudrer la croûte de cassonade et servir tiède.

TOURTE DE BROCOLI AU MUNSTER

Préparation : 25 min – Cuisson : 30 min 6 pers.

250 g de bouquets de brocoli / 1 munster / 2 œufs + 1 jaune / 15 cl de lait / Une pincée de cumin / 25 g de beurre / 400 g de pâte feuilletée / Sel, poivre.

Laver les bouquets de brocoli. Les cuire 2 minutes à l'eau bouillante salée. Les refroidir rapidement puis les égoutter soigneusement.

Couper le munster en petits morceaux.

Mélanger les 2 œufs avec le lait, le cumin et le munster. Saler et poivrer.

Beurrer un moule à tarte. Poser un disque de pâte feuilletée. Piquer la pâte avec une fourchette. Poser les bouquets de brocoli et verser la sauce au munster. Couvrir avec un disque de pâte feuilletée et réunir les rebords des deux pâtes. Piquer la pâte avec une fourchette. Badigeonner le dessus de jaune d'œuf et le décorer.

Enfourner pendant 30 minutes à 180 °C (th. 6).

LÉGUMES

TOURTE DE CHANTERELLES AU PERSIL

Préparation : 20 min – Cuisson : 40 min 6 pers.

Six poignées de chanterelles / Une poignée de persil / 1 oignon / 3 cuil. à soupe d'huile de noix / 4 œufs + 1 jaune / 150 g de crème fraîche / 10 cl de lait / 50 g d'emmental / 25 g de beurre / 400 g de pâte feuilletée / Sel, poivre.

Laver et sécher les chanterelles et le persil. Peler et émincer l'oignon.

Dans une poêle, faire revenir les chanterelles et l'oignon pendant 5 minutes dans l'huile de noix sur feu moyen. Saler et poivrer.

Hacher les chanterelles avec le persil.

Mélanger les 4 œufs, la crème fraîche et le lait avec le hachis.

Râper le fromage et l'ajouter à la garniture.

Beurrer un moule à tarte. Poser un disque de pâte feuilletée. Piquer la pâte avec une fourchette. Verser la garniture. Couvrir avec un disque de pâte feuilletée et réunir les rebords des deux pâtes. Piquer la pâte avec une fourchette. Badigeonner le dessus de jaune d'œuf et le décorer.

Enfourner pendant 35 minutes à 180 °C (th. 6).

Servir avec une salade mélangée.

TOURTE DE CHICONS À LA SAUGE

Préparation : 25 min – Cuisson : 55 min 6 pers.

6 chicons / 200 g de jambon blanc / 65 g de beurre / 40 g de farine / 20 cl de lait / Une pincée de sauge hachée / 100 g de crème fraîche / 2 œufs + 1 jaune / 80 g de mimolette / 400 g de pâte brisée (p. 12) / Sel, poivre.

Faire cuire les chicons dans une casserole d'eau bouillante salée pendant 8 minutes.

Les émincer. Couper le jambon en morceaux.

Dans une casserole, faire fondre 40 g de beurre sur feu doux, ajouter la farine, bien mélanger, verser le lait et mélanger jusqu'à épaississement de la sauce Béchamel. Saler, poivrer et ajouter la sauge. Éteindre le feu. Mélanger avec la crème fraîche, les 2 œufs, la mimolette râpée et le jambon.

Beurrer un moule à tarte. Poser un disque de pâte brisée. Piquer la pâte avec une fourchette. Verser les chicons, saler et poivrer, ajouter le jambon et la sauce. Couvrir avec un disque de pâte brisée et réunir les rebords des deux pâtes. Piquer la pâte avec une fourchette. Badigeonner le dessus de jaune d'œuf et le décorer.

Enfourner pendant 45 minutes à 180 °C (th. 6).

Servir avec une salade de pommes vertes et d'endives.

TOURTE DE CHOU-FLEUR À LA BÉCHAMEL

Préparation : 15 min – Cuisson : 50 min 8 pers.

500 g de chou-fleur / 65 g de beurre / 40 g de farine / 50 cl de lait / Deux pincées de noix de muscade / 400 g de pâte demi-feuilletée (p. 14) / 1 jaune d'œuf / 50 g de parmesan / Sel, poivre.

Laver les bouquets de chou-fleur dans de l'eau vinaigrée. Les faire cuire dans une casserole d'eau bouillante salée pendant 10 minutes.

Faire fondre 40 g de beurre dans une casserole sur feu très doux. Ajouter petit à petit la farine. Verser le lait préalablement tiédi, et remuer jusqu'à ce que la sauce épaississe. Saler, poivrer et ajouter la noix de muscade.

Mélanger les bouquets de chou-fleur à la béchamel avec le parmesan râpé.

Beurrer un moule à tarte. Poser un disque de pâte demi-feuilletée. Piquer la pâte avec une fourchette. Verser la garniture. Couvrir avec un disque de pâte demi-feuilletée et réunir les rebords des deux pâtes. Au centre, creuser un trou et y mettre une cheminée en papier d'aluminium. Badigeonner le dessus de jaune d'œuf et le décorer.

Enfourner pendant 40 minutes à 180 °C (th. 6).

Servir avec des tranches de jambon cuit.

TOURTE DE COURGETTES AU POIVRON ROUGE

Préparation : 30 min – Cuisson : 50 min 8 pers.

500 g de courgettes / 1 poivron rouge / 1 bouquet de persil / 20 cl de lait / 100 g de parmesan / 3 œufs + 1 jaune / 25 g de beurre / 400 g de pâte brisée (p. 12) / Sel, poivre.

Laver et sécher les courgettes et le poivron ainsi que le bouquet de persil.

Couper les extrémités des courgettes, épépiner le poivron. Émincer les courgettes et le poivron. Hacher le persil.

Mélanger le lait au parmesan râpé avec les 3 œufs et le persil. Saler et poivrer.

Beurrer un moule à tarte. Poser un disque de pâte brisée. Piquer la pâte avec une fourchette. Déposer les courgettes et le poivron. Verser le lait au parmesan. Couvrir avec un disque de pâte brisée et réunir les rebords des deux pâtes. Au centre, creuser un trou et y mettre une cheminée en papier d'aluminium. Badigeonner le dessus de jaune d'œuf et le décorer.

Enfourner pendant 50 minutes à 180 °C (th. 6).

Décorer les assiettes d'émincé de poivrons rouge, vert, orange et jaune.

TOURTE DE COURGETTES AUX TOMATES ET AU FROMAGE DE CHÈVRE

Préparation : 15 min – Cuisson : 55 min 6 pers.

4 courgettes / 2 cuil. à soupe d'huile d'olive / 4 œufs + 1 jaune / 20 cl de crème fraîche / 100 g de fromage de chèvre / 3 tomates / 25 g de beurre / 400 g de pâte feuilletée / Sel, poivre.

Dans une poêle, faire cuire les courgettes préalablement lavées, séchées et coupées en rondelles dans l'huile pendant 20 minutes sur feu doux. Les égoutter. Mélanger les 4 œufs avec la crème et le fromage de chèvre écrasé. Saler et poivrer.

Laver, sécher et couper les tomates en fines rondelles.

Beurrer un moule à tarte. Poser un disque de pâte feuilletée. Piquer la pâte avec une fourchette. Déposer les courgettes et verser la crème au chèvre. Recouvrir des rondelles de tomate. Couvrir avec un disque de pâte feuilletée et réunir les rebords des deux pâtes. Au centre, creuser un trou et y mettre une cheminée en papier d'aluminium. Badigeonner le dessus de jaune d'œuf et le décorer.

Enfourner pendant 35 minutes à 180 °C (th. 6).

Servir avec une roquette.

TOURTE D'ÉPINARDS À LA FETA ET À L'ANETH

Préparation : 20 min – Cuisson : 45 min 6 pers.

450 g d'épinards / 1 blanc de poireau / 1 bouquet d'aneth / 200 g de feta / 1 cuil. à soupe de chapelure / 3 œufs + 1 jaune / 2 cuil. à soupe d'huile d'olive / 25 g de beurre / 400 g de pâte brisée (p. 12) / Poivre.

Laver, sécher et émincer les épinards, le blanc de poireau et un quart du bouquet d'aneth.

Mélanger avec la feta écrasée et la chapelure, les 3 œufs et l'huile. Poivrer.

Beurrer un moule à tarte. Poser un disque de pâte brisée. Piquer la pâte avec une fourchette. Verser la garniture aux épinards. Couvrir avec un disque de pâte brisée et réunir les rebords des deux pâtes. Au centre, creuser un trou et y mettre une cheminée en papier d'aluminium. Badigeonner le dessus de jaune d'œuf et le décorer.

Enfourner pendant 45 minutes à 180 °C (th. 6).

Servir la tourte chaude ou froide avec un saumon cuit à l'aneth.

TOURTE DE LÉGUMES À LA PROVENÇALE

Préparation : 30 min – Cuisson : 45 min 4 pers.

4 pommes de terre / 2 échalotes / 1 poivron rouge / 1 courgette / 12 olives niçoises / 4 cuil. à soupe d'huile d'olive / Une pincée de thym / Une pincée de marjolaine / 25 g de beurre / 300 g de pâte feuilletée / 1 jaune d'œuf / Sel, poivre.

Peler et émincer les pommes de terre et les échalotes. Laver, sécher, égrener et couper le poivron en fines lamelles. Laver, sécher et couper la courgette en rondelles. Dénoyauter les olives et les couper en deux.

Faire revenir l'ensemble des légumes dans l'huile avec le thym et la marjolaine pendant 3 minutes sur feu moyen. Saler et poivrer.

Beurrer un moule à tarte. Poser un disque de pâte feuilletée. Piquer la pâte avec une fourchette. Déposer la garniture. Couvrir avec un disque de pâte feuilletée et réunir les rebords des deux pâtes. Au centre, creuser un trou et y mettre une cheminée en papier d'aluminium. Badigeonner le dessus de jaune d'œuf et le décorer.

Enfourner pendant 45 minutes à 180 °C (th. 6).

Servir avec une salade de tomates aux olives niçoises.

TOURTE DE PETITS LÉGUMES AU BOUILLON DE BŒUF

Préparation : 25 min – Cuisson : 40 min 8 pers. XX O

1/2 botte d'oignons nouveaux / 100 g de haricots verts / 100 g de petits pois / 100 g de navets / 100 g de carottes / 1/2 laitue / 2 cuil. à soupe d'huile d'olive / 25 cl de bouillon de bœuf / 1 bouquet de cerfeuil / 1 morceau de sucre / 50 g de beurre / 25 g de farine / 400 g de pâte brisée (p. 12) / 1 jaune d'œuf / Sel, poivre.

Couper les tiges et les racines des oignons nouveaux.

Laver, sécher, équeuter et couper en deux les haricots verts.

Écosser les petits pois.

Éplucher et couper en rondelles et en cubes les navets et les carottes.

Laver, sécher et enlever les premières feuilles de la demi-laitue. La couper en quatre.

Dans l'autocuiseur, verser l'huile et y faire revenir l'ensemble des légumes.

Verser le bouillon de bœuf. Ajouter le bouquet de cerfeuil et le sucre. Saler et poivrer.

Fermer l'autocuiseur avec le couvercle. Faire chauffer sur feu vif.

Quand la vapeur s'échappe, laisser cuire pendant 8 minutes sur feu doux.

Éteindre le feu. Laisser la vapeur s'échapper par son conduit d'évacuation.

Lorsque la pression est descendue, ouvrir l'autocuiseur.

Faire fondre 25 g de beurre dans une casserole sur feu doux. Ajouter la farine. Mélanger. Cuire jusqu'à obtenir un aspect blond de la préparation.

La verser sur les légumes mélangés au bouillon.

Beurrer un moule à tarte. Poser un disque de pâte brisée. Piquer la pâte avec une fourchette. Déposer la garniture aux légumes. Couvrir avec un disque de pâte brisée et réunir les rebords des deux pâtes. Au centre, creuser un trou et y mettre une cheminée en papier d'aluminium. Badigeonner le dessus de jaune d'œuf et le décorer.

Enfourner pendant 25 minutes à 180 °C (th. 6).

Servir avec un roast-beef.

Tourte de lentilles aux lardons fumés

Préparation : 25 min – Cuisson : 50 min 4 pers.

2 échalotes / 1 carotte / 1 branche de céleri / 120 g de lentilles vertes / 1 feuille de laurier / 1 cube de bouillon de légumes / 100 g de lardons fumés / 2 cuil. à soupe d'huile d'olive / 1 cuil. à soupe de fines herbes / 700 g de pommes de terre / 50 g de beurre / 12 cl de lait / 200 g de pâte brisée (p. 12) / 1 jaune d'œuf / Sel, poivre.

Laver les pommes de terre. Les faire cuire avec la peau à l'eau bouillante salée une vingtaine de minutes. Vérifier la cuisson en piquant la lame d'un couteau. Si les pommes de terre sont cuites, les égoutter, les plonger dans de l'eau froide. Les laisser refroidir puis les égoutter à nouveau.

Peler et émincer les échalotes et la carotte. Laver, sécher et émincer le céleri. Laver les lentilles. Les mettre dans un autocuiseur avec le reste des légumes, le laurier, le cube de bouillon et les couvrir d'eau froide. Saler et poivrer.

Fermer avec le couvercle. Faire chauffer sur feu vif.

Quand la vapeur s'échappe, laisser cuire pendant 13 minutes sur feu doux.

Éteindre le feu. Laisser la vapeur s'échapper par son conduit d'évacuation.

Lorsque la pression est descendue, ouvrir l'autocuiseur. Égoutter les lentilles avec les légumes. Ôter la feuille de laurier.

Dans une poêle, faire revenir les lardons dans l'huile d'olive pendant 3 minutes sur feu moyen.

Les ajouter aux lentilles avec les fines herbes.

Mélanger les pommes de terre écrasées avec 25 g de beurre et le lait. Saler et poivrer.

Beurrer un moule à tarte. Poser un disque de pâte brisée. Piquer la pâte avec une fourchette. Déposer la garniture aux lentilles. Couvrir avec la pâte aux pommes de terre et réunir les rebords des deux pâtes. Badigeonner le dessus de jaune d'œuf.

Enfourner pendant 35 minutes à 180 °C (th. 6).

Servir avec une saucisse à l'ail.

TOURTE DE POIREAUX AU COMTÉ

Préparation : 20 min – Cuisson : 40 min 6 pers.

1 kg de poireaux / 2 cuil. à soupe d'huile d'olive / 30 g de farine complète / 50 cl de lait / 3 jaunes d'œufs / Une pincée de noix de muscade / 100 g de comté / 25 g de beurre / 400 g de pâte à pâtés (p. 15) / Sel, poivre.

Laver, sécher et émincer les poireaux. Dans une poêle, les faire revenir dans l'huile d'olive pendant 5 minutes sur feu moyen.

Dans une casserole, mélanger la farine et le lait puis faire cuire sur feu doux en remuant jusqu'à ce que le mélange épaississe.

Mélanger les poireaux à la « béchamel ». Ajouter 2 jaunes d'œufs, la noix de muscade et le comté préalablement râpé. Saler et poivrer.

Beurrer un moule à tarte. Poser un disque de pâte à pâtés. Piquer la pâte avec une fourchette. Verser la garniture.

Couvrir avec un disque de pâte à pâtés et réunir les rebords des deux pâtes. Au centre, creuser un trou et y mettre une cheminée en papier d'aluminium. Badigeonner le dessus de jaune d'œuf et le décorer.

Enfourner pendant 35 minutes à 180 °C (th. 6).

Servir avec des carottes râpées.

TOURTE SEMI-SUCRÉE AUX NAVETS

Préparation : 15 min – Cuisson : 40 min 6 pers.

1 kg de navets / 2 carottes / 2 échalotes / 125 g de beurre / 25 g de sucre en poudre / 30 g de farine / 300 g de crème fraîche / 400 g de pâte feuilletée / 1 jaune d'œuf / Sel, poivre.

Peler les navets, les carottes et les échalotes. Émincer finement les navets et les échalotes. Râper les carottes.

Dans une poêle, faire revenir les légumes dans 100 g de beurre pendant 2 minutes sur feu vif. Verser le sucre, la farine, la crème et faire cuire à couvert pendant 8 minutes sur feu doux. Saler et poivrer.

Beurrer un moule à tarte. Poser un disque de pâte feuilletée. Piquer la pâte avec une fourchette. Verser la garniture aux navets. Couvrir avec un disque de pâte feuilletée et réunir les rebords des deux pâtes. Au centre, creuser un trou et y mettre une cheminée en papier d'aluminium. Badigeonner le dessus de jaune d'œuf et le décorer.

Enfourner pendant 30 minutes à 180 °C (th. 6).

Servir avec des aiguillettes de canard.

TOURTE DE PETITS POIS, MAÏS ET CAROTTES

Préparation : 25 min – Cuisson : 53 min — 8 pers.

200 g de saint-nectaire / 500 g de fromage blanc de brebis frais / 3 œufs + 1 jaune / Une pincée de noix de muscade / 150 g de petits pois / 150 g de carottes / 150 g de maïs / 25 g de beurre / 400 g de pâte à pâtés (p. 15) / Sel, poivre.

Râper le saint-nectaire.

En mélanger un tiers avec le fromage blanc, les 3 œufs et la noix de muscade. Saler et poivrer.

Écosser les petits pois.

Éplucher et couper les carottes en rondelles.

Dans un autocuiseur, verser les petits pois, les carottes et le maïs. Verser 25 cl d'eau. Saler et poivrer.

Fermer l'autocuiseur avec le couvercle. Faire chauffer sur feu vif.

Quand la vapeur s'échappe, laisser cuire pendant 8 minutes sur feu doux.

Éteindre le feu. Laisser la vapeur s'échapper par son conduit d'évacuation.

Lorsque la pression est descendue, ouvrir l'autocuiseur.

Égoutter les légumes et les ajouter à la préparation au fromage blanc.

Beurrer un moule à tarte. Poser un disque de pâte à pâtés. Piquer la pâte avec une fourchette. Déposer un tiers du saint-nectaire restant. Verser la garniture aux légumes. Parsemer du reste de saint-nectaire. Couvrir avec un disque de pâte à pâtés et réunir les rebords des deux pâtes. Au centre, creuser un trou et y mettre une cheminée en papier d'aluminium. Badigeonner le dessus de jaune d'œuf et le décorer.

Enfourner pendant 45 minutes à 180 °C (th. 6).

Servir la tourte froide avec une salade de cresson.

TOURTE DE POMMES DE TERRE AU CHÈVRE FRAIS

Préparation : 20 min – Cuisson : 50 min 6 pers.

1 kg de pommes de terre / 1 bouquet de ciboulette / 2 œufs + 1 jaune / 25 cl de crème fraîche liquide / 150 g de fromage de chèvre frais / 25 g de beurre / 400 g de pâte feuilletée / Sel, poivre.

Peler et couper les pommes de terre en fines rondelles. Laver, sécher et hacher le bouquet de ciboulette.

Mélanger la ciboulette aux 2 œufs avec la crème liquide et le fromage de chèvre frais. Saler et poivrer.

Beurrer un moule à tarte. Poser un disque de pâte feuilletée. Piquer la pâte avec une fourchette. Déposer une couche de pommes de terre. Couvrir de garniture. Déposer une seconde couche de pommes de terre. Couvrir de nouveau de garniture. Renouveler l'opération si nécessaire.

Couvrir avec un disque de pâte feuilletée et réunir les rebords des deux pâtes. Au centre, creuser un trou et y mettre une cheminée en papier d'aluminium. Badigeonner le dessus de jaune d'œuf et le décorer.

Enfourner pendant 25 minutes à 210 °C (th. 7) puis 25 minutes à 180 °C (th. 6).

Servir avec des tomates cerise et une vinaigrette à la ciboulette.

TOURTE DE POMMES DE TERRE AUX LARDONS ET AU CANTAL

Préparation : 30 min – Cuisson : 45 min 8 pers.

800 g de pommes de terre / 1 bouquet de ciboulette / 2 oignons / 200 g de lardons / 2 cuil. à soupe d'huile / 25 cl de crème fraîche liquide / 150 g de cantal / 25 g de beurre / 400 g de pâte brisée (p. 12) / 1 jaune d'œuf / Sel, poivre.

Peler les pommes de terre et les couper en morceaux. Les faire cuire pendant 10 minutes dans une casserole d'eau bouillante salée.

Laver, sécher et hacher la ciboulette.

Dans un faitout, faire revenir les oignons préalablement pelés et émincés avec les lardons dans l'huile pendant 5 minutes sur feu moyen. Saler et poivrer.

Mélanger la crème liquide avec les pommes de terre, la ciboulette, le cantal râpé, les lardons et les oignons. Saler et poivrer.

Beurrer un moule à tarte. Poser un disque de pâte brisée. Piquer la pâte avec une fourchette. Verser la garniture. Couvrir avec un disque de pâte brisée et réunir les rebords des deux pâtes. Au centre, creuser un trou et y mettre une cheminée en papier d'aluminium. Badigeonner le dessus de jaune d'œuf et le décorer.

Enfourner pendant 45 minutes à 180 °C (th. 6).

Servir avec une salade de cresson.

TOURTE DE POMMES DE TERRE AU ROQUEFORT

Préparation : 20 min – Cuisson : 48 min   8 pers.

1 kg de pommes de terre / 3 œufs + 1 jaune / 20 cl de crème fraîche / 20 cl de lait / 150 g de roquefort / 1/2 bouquet de cerfeuil / 25 g de beurre / 400 g de pâte feuilletée / Sel, poivre.

Cuire les pommes de terre pendant 8 minutes dans une casserole d'eau bouillante. Les peler et les émincer.

Mélanger les 3 œufs, la crème, le lait et le roquefort écrasé.

Laver, sécher et hacher le cerfeuil. L'ajouter au mélange.

Beurrer un moule à tarte. Poser un disque de pâte feuilletée. Piquer la pâte avec une fourchette. Déposer une couche de pommes de terre. Couvrir de garniture. Déposer une seconde couche de pommes de terre. Couvrir de nouveau de garniture. Renouveler l'opération si nécessaire.

Couvrir avec un disque de pâte feuilletée et réunir les rebords des deux pâtes. Au centre, creuser un trou et y mettre une cheminée en papier d'aluminium. Badigeonner le dessus de jaune d'œuf et le décorer.

Enfourner pendant 40 minutes à 180 °C (th. 6).

Servir la tourte chaude accompagnée d'une salade verte à l'échalote.

SALADE VERTE À L'ÉCHALOTE

Préparation : 10 min

1 salade verte / 2 échalotes hachées / 4 cuil. à soupe de roquefort écrasé / 1 cuil. à soupe de cerfeuil ciselé / 1 cuil. à soupe de vinaigre de vin / 4 cuil. à soupe d'huile de tournesol / Sel, poivre.

Mêler la salade à l'ensemble des ingrédients. Saler et poivrer. Bien mélanger.

TOURTE DE POMMES DE TERRE AUX CHAMPIGNONS FRAIS

Préparation : 25 min – Cuisson : 48 min 8 pers.

1 kg de champignons frais / 800 g de pommes de terre / 1 bouquet de persil / 150 g de lard / 2 cuil. à soupe d'huile / 150 g d'emmental / 1 œuf + 3 jaunes / 15 cl de crème fraîche / 25 g de beurre / 400 g de pâte brisée (p. 12) / Sel, poivre.

Laver, sécher et émincer les champignons en fines lamelles. Éplucher et couper finement les pommes de terre. Les faire cuire pendant 8 minutes dans une casserole d'eau bouillante salée. Laver, sécher et hacher le bouquet de persil.

Découper le lard en petits dés. Le faire revenir dans l'huile dans une poêle avec les champignons et le persil pendant 5 minutes.

Mélanger les champignons, les pommes de terre, le lard et l'emmental râpé avec 1 œuf et 2 jaunes, la crème fraîche et le persil. Saler et poivrer.

Beurrer un moule à tarte. Poser un disque de pâte brisée. Piquer la pâte avec une fourchette. Verser la garniture.

Couvrir avec un disque de pâte brisée et réunir les rebords des deux pâtes. Au centre, creuser un trou et y mettre une cheminée en papier d'aluminium. Badigeonner le dessus de jaune d'œuf et le décorer.

Enfourner pendant 40 minutes à 180 °C (th. 6).

Servir avec une salade d'avocats et de tomates.

TOURTE DE POMMES DE TERRE AUX HERBES DE PROVENCE

Préparation : 25 min – Cuisson : 48 min 8 pers.

1,500 kg de pommes de terre / 75 g de beurre / 50 cl de crème fraîche / 4 cuil. à soupe d'herbes de Provence / 400 g de pâte brisée (p. 12) / 1 jaune d'œuf / Sel, poivre.

Éplucher les pommes de terre et les couper en fines lamelles. Les faire cuire dans une casserole d'eau bouillante salée pendant 8 minutes.

Faire fondre au bain-marie 50 g de beurre. Le mélanger à la crème fraîche et aux herbes de Provence. Saler et poivrer. Mêler la crème aux pommes de terre.

Beurrer un moule à tarte. Poser un disque de pâte brisée. Piquer la pâte avec une fourchette. Verser la garniture.

Couvrir avec un disque de pâte brisée et réunir les rebords des deux pâtes. Au centre, creuser un trou et y mettre une cheminée en papier d'aluminium. Badigeonner le dessus de jaune d'œuf et le décorer.

Enfourner pendant 40 minutes à 180 °C (th. 6).

Servir avec une salade frisée.

TOURTE DE SCAROLES AUX OLIVES NOIRES ET AU LARD

Préparation : 20 min – Cuisson : 48 min 4 pers.

2 scaroles / 2 gousses d'ail / 1 échalote / 120 g d'olives noires dénoyautées / 50 g de lard / 8 cl d'huile d'olive / 25 g de beurre / 300 g de pâte à pâtés (p. 15) / Sel, poivre.

Laver, sécher et ciseler les scaroles. Peler et hacher l'ail et l'échalote avec les olives et le lard.

Dans une poêle, faire revenir la salade dans l'huile pendant 3 minutes sur feu vif. Ajouter le hachis et bien mélanger. Saler et poivrer.

Beurrer un moule à tarte. Poser un disque de pâte à pâtés. Piquer la pâte avec une fourchette. Verser la garniture.

Couvrir avec un disque de pâte à pâtés et réunir les rebords des deux pâtes. Au centre, creuser un trou et y mettre une cheminée en papier d'aluminium. Badigeonner le dessus d'huile d'olive et le décorer.

Enfourner pendant 45 minutes à 180 °C (th. 6).

Servir avec du jambon cru.

TOURTE DE TOMATES AUX POIVRONS

Préparation : 20 min – Cuisson : 55 min 8 pers.

1 kg de tomates / 2 poivrons / 4 gousses d'ail / 2 oignons / 4 cuil. à soupe de tomates séchées / 3 cuil. à soupe d'huile d'olive / Une pincée de piment / Deux pincées d'herbes de Provence / 25 g de beurre / 400 g de pâte demi-feuilletée (p. 14) / 1 jaune d'œuf / Sel, poivre.

Jeter les tomates pendant quelques secondes dans une casserole d'eau bouillante. Les peler et les écraser.

Laver, sécher, égrener et couper les poivrons en fines lamelles. Peler et hacher l'ail et les oignons. Couper les tomates séchées en petits morceaux.

Dans un faitout, faire revenir les légumes dans l'huile avec le piment et les herbes de Provence pendant 10 minutes sur feu moyen. Saler et poivrer.

Beurrer un moule à tarte. Poser un disque de pâte demi-feuilletée. Piquer la pâte avec une fourchette. Verser la garniture.

Couvrir avec un disque de pâte demi-feuilletée et réunir les rebords des deux pâtes. Au centre, creuser un trou et y mettre une cheminée en papier d'aluminium. Badigeonner le dessus de jaune d'œuf et le décorer.

Enfourner pendant 45 minutes à 180 °C (th. 6).

Servir avec une salade frisée.

TOURTE AU BLEU D'AUVERGNE

Préparation : 15 min – Cuisson : 40 min 8 pers.

4 petits fromages blancs nature / 250 g de bleu / 5 œufs + 1 jaune / 25 cl de crème fraîche / Deux pincées de noix de muscade / 25 g de beurre / 400 g de pâte brisée (p. 12) / Sel, poivre.

Mélanger les fromages blancs et le bleu écrasé aux 5 œufs avec la crème fraîche et la noix de muscade. Saler et poivrer.

Beurrer un moule à tarte. Poser un disque de pâte brisée. Piquer la pâte avec une fourchette. Verser la garniture. Couvrir avec un disque de pâte brisée et réunir les rebords des deux pâtes. Au centre, creuser un trou et y mettre une cheminée en papier d'aluminium. Badigeonner le dessus de jaune d'œuf et le décorer.

Enfourner pendant 40 minutes à 180 °C (th. 6).

Servir avec une salade de poires.

SALADE DE POIRES GRILLÉES

Préparation : 10 min – Cuisson : 5 min

3 poires / 300 g de cœur de laitue / 75 g de bleu écrasé / 4 cuil. à soupe d'huile de noix / 1 cuil. à soupe de vinaigre balsamique / Sel, poivre.

Faire griller les poires pelées et coupées en tranches sur une plaque dans le four pendant 5 minutes à 240 °C (th. 8). Les mélanger à l'ensemble des ingrédients.

TOURTE DE FROMAGE DE CHÈVRE À L'OSEILLE

Préparation : 15 min – Cuisson : 40 min 8 pers. ✕ O

300 g de fromage de chèvre frais / 100 g d'oseille / 1 cuil. à soupe d'huile d'olive / 75 g de purée de pommes de terre / 75 g d'épinards hachés / 25 g de beurre / 400 g de pâte demi-feuilletée (p. 14) / 1 jaune d'œuf / Sel, poivre.

Écraser le fromage, laver, sécher et ciseler l'oseille.

Les mélanger avec l'huile, la purée et les épinards hachés. Saler et poivrer.

Beurrer un moule à tarte. Poser un disque de pâte demi-feuilletée. Piquer la pâte avec une fourchette. Verser la garniture à l'oseille. Couvrir avec un disque de pâte demi-feuilletée et réunir les rebords des deux pâtes. Au centre, creuser un trou et y mettre une cheminée en papier d'aluminium. Badigeonner le dessus de jaune d'œuf et le décorer.

Enfourner pendant 40 minutes à 180 °C (th. 6).

Servir avec une batavia à l'huile d'olive.

UNE SALADE CROQUANTE À SOUHAIT

Après l'avoir bien nettoyée et essorée, mettre la salade au réfrigérateur dans un sac plastique. Elle restera croquante. Craquant, non ?

TOURTE DE GRUYÈRE AUX GRAINES DE SÉSAME ET DE PAVOT

Préparation : 25 min – Cuisson : 45 min 6 pers. XXX O
Repos : 30 à 45 min

150 g de gruyère / 250 g de farine complète / 16 cl d'huile végétale / 3 œufs + 1 jaune / 7 g de levure biologique / 25 g de beurre / 1 cuil. à café de graines de pavot / 1 cuil. à café de graines de sésame.

Râper le gruyère. Le mélanger à la farine puis verser l'huile végétale avec les 3 œufs battus et la levure préalablement dissoute dans une cuillerée à soupe d'eau tiède. Bien mélanger et travailler la pâte.

Dans un moule à tarte beurré, poser la pâte. Couvrir la tourte d'un linge et laisser lever au chaud pendant 30 à 45 minutes.

Badigeonner le dessus de jaune d'œuf. Saupoudrer des graines de pavot et de sésame.

Enfourner pendant 45 minutes à 180 °C (th. 6).

Servir avec une salade de tomates et de concombres.

TOURTE DE TOMATE-MOZZARELLA AU BASILIC

Préparation : 20 min – Cuisson : 42 min 6 pers. X O

1 botte de basilic / 6 tomates / 200 g de mozzarella / 40 cl d'huile d'olive / 1 cuil. à café de concentré de tomates / Une pincée de sucre en poudre / 1 cuil. à café de thym / 25 g de beurre / 400 g de pâte à pâtés (p. 15) / 1 jaune d'œuf / Sel, poivre.

Laver et sécher la moitié du basilic et les tomates. Couper ces dernières en rondelles ainsi que la mozzarella.

Dans une poêle, faire revenir le basilic dans la moitié de l'huile d'olive pendant 2 minutes sur feu moyen.

Mélanger le reste d'huile avec le concentré de tomates, le sucre et le thym. Saler et poivrer.

Beurrer un moule à tarte. Poser un disque de pâte à pâtés. Piquer la pâte avec une fourchette. Poser en alternance les rondelles de tomates et de mozzarella. Verser la sauce au thym sucrée. Parsemer du basilic frit. Couvrir avec un disque de pâte à pâtés et réunir les rebords des deux pâtes. Au centre, creuser un trou et y mettre une cheminée en papier d'aluminium. Badigeonner le dessus de jaune d'œuf et le décorer.

Enfourner pendant 40 minutes à 180 °C (th. 6).

Servir avec une salade de mâche au vinaigre balsamique.

TOURTE DE SAVOIE AUX POMMES DE TERRE ET AU REBLOCHON

Préparation : 15 min – Cuisson : 1 h 03 min 6 pers.

400 g de pommes de terre / 12 cl de lait / 1 cuil. à café de noix de muscade / 15 cl de crème fraîche / 2 gousses d'ail / 200 g de reblochon / 25 g de beurre / 400 g de pâte feuilletée / 1 jaune d'œuf / Sel, poivre.

Éplucher les pommes de terre et les émincer finement.

Dans une casserole, faire bouillir le lait avec les pommes de terre et la noix de muscade. Faire cuire pendant 8 minutes sur feu doux. Saler et poivrer et verser la crème. Laisser cuire pendant 8 minutes de plus.

Peler et hacher l'ail. L'ajouter à la préparation.

Couper le reblochon en tranches.

Beurrer un moule à tarte. Poser un disque de pâte feuilletée. Piquer la pâte avec une fourchette. Verser la garniture de pommes de terre. Parsemer des tranches de reblochon. Couvrir avec un disque de pâte feuilletée et réunir les rebords des deux pâtes. Au centre, creuser un trou et y mettre une cheminée en papier d'aluminium. Badigeonner le dessus de jaune d'œuf et décorer.

Enfourner à 180 °C (th. 6) pendant 45 minutes.

Servir avec une frisée, des tranches de jambon cru.

FROMAGES

TOURTE AUX TROIS FROMAGES ITALIENS PARFUMÉE À L'ORIGAN

Préparation : 15 min – Cuisson : 37 min 6 pers.

1 gousse d'ail / 1 oignon / 2 cuil. à soupe d'origan / 1 cuil. à soupe d'huile d'olive / 200 g de concentré de tomates / 50 g de pâte d'olives / 50 g de poivrons confits / 200 g de ricotta / 50 g de parmesan / 2 cuil. à soupe de persil / 2 œufs + 1 jaune / 100 g de mozzarella / 25 g de beurre / 400 g de pâte brisée (p. 12) / Sel, poivre.

Peler et hacher l'ail et l'oignon.

Dans une poêle, faire revenir l'ail, l'oignon et l'origan dans l'huile pendant 2 minutes sur feu vif. Ajouter le concentré de tomates, mélangé à la pâte d'olives et aux poivrons émincés très finement.

Mélanger la ricotta, le parmesan râpé, le persil haché et les 2 œufs. Saler et poivrer.

Couper la mozzarella en très fines lamelles.

Beurrer un moule à tarte. Poser un disque de pâte brisée. Piquer la pâte avec une fourchette. Verser la sauce à l'origan, puis le mélange à la ricotta. Terminer avec les lamelles de mozzarella. Poivrer. Couvrir avec un disque de pâte brisée et réunir les rebords des deux pâtes. Au centre, creuser un trou et y mettre une cheminée en papier d'aluminium. Badigeonner le dessus de jaune d'œuf et le décorer.

Enfourner pendant 35 minutes à 180 °C (th. 6).

Servir avec une salade de tomates et de mini-boules de mozzarella à l'origan.

TOURTE BRIOCHÉE DE CRABE

Préparation : 20 min – Cuisson : 55 min
Repos : 20 à 30 min

6 pers.

300 g de champignons de Paris / 50 g de beurre / Le jus de 1 citron / 1 œuf + 3 jaunes / 100 g de farine / 25 cl de lait / 25 cl de crème fraîche liquide / 200 g de chair de crabe / 400 g de pâte briochée (p. 14) / Sel, poivre.

Laver, sécher et émincer les champignons de Paris. Dans une poêle, les faire revenir dans 25 g de beurre avec le jus de citron pendant 5 minutes sur feu moyen. Saler, poivrer.

Mélanger l'œuf entier, 2 jaunes et la farine. Saler et poivrer.

Dans une casserole, faire chauffer le lait et la crème. Ajouter le mélange aux œufs. Laisser cuire pendant 5 minutes sur feu doux. Ajouter la chair de crabe et les champignons.

Dans un moule à tarte beurré, poser un disque de pâte briochée. Piquer la pâte avec une fourchette. Verser la garniture au crabe. Couvrir avec un disque de pâte briochée et réunir les rebords des deux pâtes.

Couvrir la tourte d'un linge et laisser lever au chaud pendant 20 à 30 minutes.

Badigeonner le dessus de jaune d'œuf et le décorer.

Enfourner pendant 45 minutes à 180 °C (th. 6).

Servir avec une salade frisée.

TOURTE DE CRABE À LA CIBOULETTE ET AU CURRY

Préparation : 20 min – Cuisson : 40 min

6 pers.

2 poireaux / 1 bouquet de ciboulette / 75 g de beurre / 350 g de chair de crabe / 3 échalotes / 4 cuil. à soupe de vinaigre d'alcool / 7 cuil. à soupe de vin blanc / 1 cuil. à soupe de curry / 4 cuil. à soupe de crème fraîche / 400 g de pâte feuilletée / 1 jaune d'œuf / Sel, poivre.

Laver, sécher et émincer les poireaux et la ciboulette.

Dans une poêle, les faire revenir dans 25 g de beurre pendant 3 minutes sur feu moyen. Ajouter le crabe.

Peler et émincer les échalotes.

Dans une casserole, faire revenir les échalotes avec le vinaigre et le vin blanc ainsi que le curry, la crème fraîche et 25 g de beurre. Saler et poivrer.

Ajouter le mélange au crabe.

Beurrer un moule à tarte. Poser un disque de pâte feuilletée. Piquer la pâte avec une fourchette. Verser la garniture. Couvrir avec un disque de pâte feuilletée et réunir les rebords des deux pâtes. Au centre, creuser un trou et y mettre une cheminée en papier d'aluminium. Badigeonner le dessus de jaune d'œuf et le décorer.

Enfourner pendant 30 minutes à 180 °C (th. 6).

Servir avec des asperges.

TOURTE DE POMMES DE TERRE AU HOMARD

Préparation : 40 min – Cuisson : 1 h 10 min 6 pers. XXX ÖÖÖ

800 g de pommes de terre / 4 échalotes / 1 bouquet de cerfeuil / 50 g de beurre / 400 g de pâte demi-feuilletée (p. 14) / 1 jaune d'œuf / 2 kg de homard / 200 g de crème fraîche / 5 cl d'armagnac / Sel, poivre.

Peler les pommes de terre et les couper en fines rondelles. Les faire cuire 10 minutes dans une casserole d'eau bouillante salée. Peler et hacher les échalotes. Laver, sécher et hacher le cerfeuil.

Dans un faitout, faire revenir les échalotes avec le cerfeuil et les pommes de terre dans 25 g de beurre pendant 5 minutes sur feu moyen. Saler et poivrer.

Beurrer un moule à tarte. Poser un disque de pâte demi-feuilletée. Piquer la pâte avec une fourchette. Verser la garniture de pommes de terre. Couvrir avec un disque de pâte demi-feuilletée et réunir les rebords des deux pâtes. Au centre, creuser un trou et y mettre une cheminée en papier d'aluminium. Badigeonner le dessus de jaune d'œuf et le décorer.

Enfourner pendant 35 minutes à 180 °C (th. 6).

Pendant la cuisson au four, plonger les homards dans un faitout rempli d'eau bouillante salée. Faire cuire pendant 10 minutes sur feu moyen. Les égoutter et les décortiquer pour en sortir les pinces et les queues coupées en petits morceaux.

Découper le couvercle de la tourte et l'ôter.

Mettre dans une casserole la crème et la chair de homard avec l'armagnac et faire chauffer pendant 10 minutes sur feu doux. Saler et poivrer. Verser le mélange dans la tourte. Refermer avec le couvercle.

Servir avec des cœurs de palmier.

TOURTE DE GAMBAS AUX ASPERGES

Préparation : 20 min – Cuisson : 35 min
Repos : 30 à 45 min

6 pers.

200 g de gambas décortiquées / 2 oignons / 1 carotte / 100 g de pointes d'asperge / 2 cuil. à soupe d'huile / 50 g de beurre / 50 cl de velouté d'asperges / 400 g de pâte briochée (p. 14) / 1 jaune d'œuf / Sel, poivre.

Couper les gambas en trois. Peler et hacher les oignons et la carotte.

Dans un faitout, faire revenir les oignons et la carotte avec les gambas et les pointes d'asperge dans l'huile et le beurre pendant 10 minutes sur feu doux. Saler et poivrer. Mélanger avec le velouté.

Dans un moule à tarte, poser un disque de pâte briochée. Piquer la pâte avec une fourchette. Verser la garniture. Couvrir avec un disque de pâte briochée et réunir les rebords des deux pâtes.

Couvrir la tourte d'un linge et laisser lever au chaud pendant 30 à 45 minutes. Badigeonner le dessus de jaune d'œuf et le décorer.

Enfourner pendant 35 minutes à 180 °C (th. 6).

Décorer les assiettes de pointes d'asperge à la vinaigrette.

TOURTE DE MOULES ET DE CREVETTES EN SAUCE BLANCHE

Préparation : 10 min – Cuisson : 45 min

8 pers.

2 l de moules / 25 cl de vin blanc / 65 g de beurre / 40 g de farine / 50 cl de bouillon pour poissons et crustacés / 2 œufs + 2 jaunes / 20 cl de crème fraîche / 300 g de crevettes roses décortiquées / 400 g de pâte demi-feuilletée (p. 14) / Sel, poivre.

Dans un faitout, ouvrir les moules dans le vin blanc. Ôter les coquilles.

Dans une casserole, faire fondre 40 g de beurre sur feu doux, ajouter la farine. Bien mélanger pendant 3 minutes sur feu doux. Verser le bouillon avec 1 jaune d'œuf. Bien mélanger pendant 10 minutes, jusqu'à ce que la sauce épaississe. Saler et poivrer.

Ajouter les 2 œufs avec la crème fraîche. Mélanger avec les crevettes et les moules.

Beurrer un moule à tarte. Poser un disque de pâte demi-feuilletée. Piquer la pâte avec une fourchette. Verser la garniture aux moules et aux crevettes. Couvrir avec un disque de pâte demi-feuilletée et réunir les rebords des deux pâtes. Au centre, creuser un trou et y mettre une cheminée en papier d'aluminium. Badigeonner le dessus de jaune d'œuf et le décorer.

Enfourner pendant 30 minutes à 180 °C (th. 6).

Servir avec une salade de mâche.

Tourte de moules, de crevettes et de calmars au pastis

Préparation : 30 min – Cuisson : 1 h

8 pers. XXX OOO

600 g de pommes de terre / 600 g de carottes / 2 échalotes / 2 cuil. à soupe d'huile d'olive / 400 g de moules / 400 g de crevettes roses / 200 g de calmars / 15 cl de pastis / 1 bouquet de persil / 600 g de poireaux / 50 g de beurre / 200 g de pâte demi-feuilletée (p. 14) / 150 g de crème fraîche / 1 jaune d'œuf / Sel, poivre.

Peler les pommes de terre et les carottes, les couper en rondelles. Les faire cuire séparément pendant 8 minutes dans une casserole d'eau bouillante salée.

Dans un autocuiseur, faire revenir les échalotes pelées et émincées dans l'huile pendant 2 minutes sur feu vif. Ajouter les moules, les crevettes décortiquées et les calmars. Verser le pastis. Ajouter la moitié du bouquet de persil préalablement lavé. Poivrer.

Fermer avec le couvercle. Faire chauffer sur feu vif.

Quand la vapeur s'échappe, laisser cuire pendant 4 minutes sur feu doux.

Éteindre le feu. Laisser la vapeur s'échapper par son conduit d'évacuation.

Lorsque la pression est descendue, ouvrir l'autocuiseur.

Décortiquer les moules.

Laver, sécher et émincer finement les poireaux. Les faire revenir dans une poêle avec 25 g de beurre pendant 5 minutes sur feu moyen.

Égoutter les fruits de mer.

Écraser les pommes de terre dans la moitié du jus de cuisson des fruits de mer.

Beurrer un moule à tarte. Étaler la purée de pommes de terre, dessus les poireaux, puis les carottes. Verser dessus les fruits de mer et le reste du jus mélangés avec la crème fraîche et le reste de persil haché. Couvrir avec un disque de pâte demi-feuilletée et réunir les rebords des deux pâtes. Au centre, creuser un trou et y mettre une cheminée en papier d'aluminium. Badigeonner le dessus de jaune d'œuf et le décorer.

Enfourner pendant 40 minutes à 180 °C (th. 6).

Décorer les assiettes de crevettes.

TOURTE DE FRUITS DE MER ET DE POISSONS À LA SARRIETTE

Préparation : 30 min – Cuisson : 55 min 8 pers.

2 tomates / 2 gousses d'ail / 1 oignon / 1 cube de bouillon de légumes / 2 cuil. à soupe de sarriette / 3 cuil. à soupe d'huile / 10 cl de vin blanc / 1 l de moules / 200 g de gambas / 200 g de poisson blanc / 200 g de saumon / 25 g de beurre / 400 g de pâte demi-feuilletée (p. 14) / 1 jaune d'œuf / Sel, poivre.

Plonger pendant quelques secondes les tomates dans de l'eau bouillante. Les peler et les couper en petits morceaux.

Peler et hacher l'ail et l'oignon. Faire fondre le cube de bouillon dans 10 cl d'eau bouillante avec la sarriette.

Dans un faitout, faire revenir l'ail et l'oignon dans l'huile pendant 2 minutes sur feu moyen. Saler et poivrer. Ajouter les tomates, le bouillon de légumes, le vin blanc. Verser les moules grattées et lavées. Laisser cuire pendant 5 minutes sur feu doux.

Ôter les moules, les décortiquer, les remettre dans le faitout avec les gambas décortiquées et les poissons. Faire cuire sur feu doux pendant 10 minutes. Bien écraser et mélanger l'ensemble. Saler et poivrer.

Beurrer un moule à tarte. Poser un disque de pâte demi-feuilletée. Piquer la pâte avec une fourchette. Verser la garniture. Couvrir avec un disque de pâte demi-feuilletée et réunir les rebords des deux pâtes. Au centre, creuser un trou et y mettre une cheminée en papier d'aluminium. Badigeonner le dessus de jaune d'œuf et le décorer.

Enfourner pendant 35 minutes à 180 °C (th. 6).

Servir avec des cœurs d'artichaut.

TOURTE DE FRUITS DE MER À LA SAUCE TOMATE

Préparation : 30 min – Cuisson : 40 min 6 pers.

1 poivron rouge / 6 champignons de Paris / 200 g de noix de pétoncles / 150 g de crabe en conserve / 150 g de crevettes roses décortiquées / 1 oignon / 4 cuil. à soupe d'huile d'olive / 40 cl de tomates pelées / 3 cuil. à soupe de tomates séchées / 2 cuil. à soupe de concentré de tomates / 25 g de beurre / 400 g de pâte à pâtés (p. 15) / 1 mozzarella / 1 jaune d'œuf / Sel, poivre.

Laver, sécher, épépiner et couper la moitié du poivron et les champignons en fines lamelles. Mélanger le poivron et les champignons avec les noix de pétoncles, le crabe et les crevettes. Saler et poivrer. Réserver.

Dans une poêle, faire revenir l'oignon émincé dans l'huile avec les tomates pelées concassées, les tomates séchées coupées en petits morceaux et mélanger avec le concentré de tomates pendant 5 minutes sur feu moyen. Saler et poivrer.

Beurrer un moule à tarte. Poser un disque de pâte à pâtés. Piquer la pâte avec une fourchette. Verser la sauce tomate, la couvrir de la garniture. Parsemer de fines tranches de mozzarella. Couvrir avec un disque de pâte à pâtés et réunir les rebords des deux pâtes. Au centre, creuser un trou et y mettre une cheminée en papier d'aluminium. Badigeonner le dessus de jaune d'œuf et le décorer.

Enfourner pendant 35 minutes à 180 °C (th. 6).

Servir avec des cœurs de palmier.

TOURTE FINLANDAISE DE POISSON À L'ANCIENNE

Préparation : 25 min – Cuisson : 4 h 30 min 8 pers.

300 g de poitrine de porc / 800 g de farine de seigle / 200 g de farine de froment / 125 g de beurre / 1 cuil. à soupe de sel / 1 kg de petits poissons d'eau douce vidés (perches, gardons, éperlans...) / Sel, poivre.

Couper la poitrine de porc en tranches.

Mélanger les farines, 100 g de beurre fondu et le sel avec peu d'eau pour que la pâte ne devienne pas trop molle.

Abaisser la pâte afin d'en faire 2 disques.

Beurrer un moule à tarte. Poser un disque de pâte. Piquer la pâte avec une fourchette. Mettre la moitié des poissons au centre de la pâte, couvrir de la moitié des tranches de poitrine de porc. Saler et poivrer. Renouveler l'opération.

Couvrir avec le second disque de pâte et réunir les rebords des deux pâtes. Au centre, creuser un trou et y mettre une cheminée en papier d'aluminium. Décorer le dessus.

Enfourner pendant 30 minutes à 250 °C (th. 8-9).

Mettre la tourte dans du papier d'aluminium et laisser cuire à 150 °C (th. 5) pendant 4 heures.

LE KALAKUKKO

Spécialité culinaire finlandaise, le kalakukko était autrefois le repas complet du chasseur, du bûcheron ou du commerçant itinérant. Il s'agit d'un pain de seigle farci au poisson et au lard qui se mange chaud ou froid.

De nos jours, on trouve sur les marchés finlandais des variantes de cette recette traditionnelle. Allez les découvrir, vous ne serez pas déçu !

TOURTE DE POISSON BLANC ET DE COURGETTE À LA MOUTARDE

Préparation : 15 min – Cuisson : 43 min – Marinade : 30 min 8 pers. ✗✗ ⚭

800 g de filet de poisson blanc / 10 cl de vin blanc / Deux pincées de paprika / 4 courgettes / 2 cuil. à soupe d'huile / 1 cuil. à café de farine / 20 cl de crème fraîche / 2 cuil. à soupe de moutarde / 2 jaunes d'œufs / 25 g de beurre / 400 g de pâte brisée (p. 12) / Sel, poivre.

Faire mariner pendant 30 minutes le poisson dans le vin blanc et une pincée de paprika. Saler et poivrer.

Laver, sécher et couper les courgettes en rondelles.

Dans une poêle, faire revenir les courgettes dans l'huile pendant 3 minutes sur feu moyen. Saler et poivrer. Ajouter la farine et une pincée de paprika.

Mélanger la crème avec la moutarde et 1 jaune d'œuf. Saler et poivrer. Égoutter le poisson, l'émietter et le mêler à la crème.

Beurrer un moule à tarte. Poser un disque de pâte brisée. Piquer la pâte avec une fourchette. Verser la garniture au poisson puis les courgettes. Couvrir avec un disque de pâte brisée et réunir les rebords des deux pâtes. Au centre, creuser un trou et y mettre une cheminée en papier d'aluminium. Badigeonner le dessus de jaune d'œuf et le décorer.

Enfourner pendant 40 minutes à 180 °C (th. 6).

Servir avec des carottes cuites.

POISSONS

TOURTE AUX TROIS POISSONS

Préparation : 15 min – Cuisson : 45 min 4 pers. ✗ ⚭

25 g de beurre / 400 g de pâte à pâtés (p. 15) / 100 g de chapelure / 500 g de sandre, de cabillaud et de rascasse / 500 g d'épinards hachés cuits / 1 cuil. à soupe de moutarde / 1 cuil. à soupe de ketchup / 15 cl de crème fraîche / 15 cl de bouillon de légumes / 500 g de purée de pommes de terre / 1 jaune d'œuf / Sel, poivre.

Beurrer un moule à tarte. Poser un disque de pâte à pâtés. Piquer la pâte avec une fourchette. Parsemer de chapelure.

Couper les poissons en très minces filets.

Égoutter les épinards.

Mélanger la moutarde, le ketchup, la crème fraîche et le bouillon de légumes. Saler et poivrer.

Déposer la moitié des épinards sur la chapelure. Saler, poivrer. Couvrir de purée de pommes de terre. Saler et poivrer. Ajouter les poissons. Verser la sauce à la moutarde. Finir avec le reste d'épinards. Couvrir avec un disque de pâte à pâtés et réunir les rebords des deux pâtes. Au centre, creuser un trou et y mettre une cheminée en papier d'aluminium. Badigeonner le dessus de jaune d'œuf et le décorer.

Enfourner pendant 45 minutes à 180 °C (th. 6).

Servir avec des carottes cuites.

TOURTE DE MERLAN ET DE COQUILLAGES AU CURRY

Préparation : 40 min – Cuisson : 50 min 6 pers. XXX OOO

2 échalotes / 250 g de moules / 250 g de coques / 150 g de bigorneaux / 10 cl de vin blanc / 1 bouquet de thym et de laurier / 12 cl de fumet de poisson / 500 g de filet de merlan / 20 cl de crème fraîche liquide / 1 cuil. à café de curry / 1 œuf / 250 g de noix de pétoncle / 100 g de beurre / 400 g de pâte feuilletée / 25 cl de crème fraîche épaisse / Sel, poivre.

Peler et hacher les échalotes.

Dans un faitout, ouvrir les moules et les coques et cuire les bigorneaux avec le vin blanc, le bouquet de thym et de laurier, le fumet de poisson et la moitié de l'échalote pendant 5 minutes sur feu vif. Ôter les coquilles des moules et des coques ainsi que des bigorneaux. Réserver les coquillages.

Faire cuire le merlan dans la sauce pendant 5 minutes. L'égoutter et l'écraser. Le mélanger aux coquillages avec 20 cl de crème, le curry et le blanc d'œuf. Saler légèrement.

Cuire les noix de pétoncle dans une poêle avec 25 g de beurre pendant 3 minutes sur feu moyen. Les ajouter au merlan.

Réserver les jus de cuisson ensemble.

Beurrer un moule à tarte. Poser un disque de pâte feuilletée. Piquer la pâte avec une fourchette. Verser la garniture au merlan. Couvrir avec un disque de pâte feuilletée et réunir les rebords des deux pâtes. Au centre, creuser un trou et y mettre une cheminée en papier d'aluminium. Badigeonner le dessus de jaune d'œuf et le décorer.

Enfourner pendant 35 minutes à 180 °C (th. 6).

Ajouter le reste d'échalote aux jus de cuisson après les avoir passés, une pincée de curry, et faire réduire pendant 5 minutes. Ajouter la crème fraîche épaisse et le reste de beurre ramolli. Bien mélanger.

Servir la tourte accompagnée de la sauce.

TOURTE DE BROCHET À L'ANETH

Préparation : 30 min – Cuisson : 45 min 8 pers.

800 g de filet de brochet / 3 blancs d'œufs + 1 jaune / 40 cl de crème fraîche liquide / 3 échalotes / 1 carotte / 1 bouquet d'aneth / 2 cuil. à soupe d'huile / 25 g de beurre / 400 g de pâte brisée (p. 12) / Sel, poivre.

Ôter les arêtes du poisson. Mixer la chair. Mélanger avec les blancs d'œufs et la crème liquide. Saler et poivrer.

Peler et hacher les échalotes et la carotte. Laver, sécher et hacher l'aneth.

Dans un faitout, faire revenir les échalotes et la carotte avec l'aneth dans l'huile pendant 5 minutes sur feu moyen. Saler et poivrer. Mélanger avec le poisson.

Beurrer un moule à tarte. Poser un disque de pâte brisée. Piquer la pâte avec une fourchette. Verser la garniture. Couvrir avec un disque de pâte brisée et réunir les rebords des deux pâtes. Au centre, creuser un trou et y mettre une cheminée en papier d'aluminium. Badigeonner le dessus de jaune d'œuf et le décorer.

Enfourner pendant 45 minutes à 180 °C (th. 6).

Servir avec une batavia.

TOURTE DE CABILLAUD AUX OLIVES VERTES

Préparation : 15 min – Cuisson : 43 min 8 pers.

800 g de filets de cabillaud / 25 cl de vin blanc / 1 bouquet garni / 1 oignon / 400 g de laitue / 1 blanc de poireau / 50 g de beurre / 2 cuil. à soupe de pignons de pin / 10 olives vertes / 2 cuil. à soupe de raisins secs / 400 g de pâte brisée (p. 12) / 4 cuil. à soupe de parmesan / 1 jaune d'œuf / Sel, poivre.

Dans un faitout, faire cuire le poisson dans le vin et 25 cl d'eau ainsi que le bouquet garni pendant 5 minutes après ébullition. Égoutter le poisson.

Dans une poêle, faire revenir l'oignon pelé et haché avec la laitue lavée, séchée et émincée et le poireau émincé dans 25 g de beurre pendant 5 minutes sur feu moyen.

Faire dorer les pignons dans une poêle pendant 3 minutes sur feu vif.

Les ajouter à la laitue avec les olives dénoyautées, coupées en deux et les raisins secs. Saler et poivrer. Verser le poisson émietté. Bien mélanger.

Beurrer un moule à tarte. Poser un disque de pâte brisée. Piquer la pâte avec une fourchette. Verser la garniture au cabillaud. Parsemer du parmesan râpé. Poivrer. Couvrir avec un disque de pâte brisée et réunir les rebords des deux pâtes. Au centre, creuser un trou et y mettre une cheminée en papier d'aluminium. Badigeonner le dessus de jaune d'œuf et le décorer.

Enfourner pendant 30 minutes à 180 °C (th. 6).

Servir avec une laitue en salade.

TOURTE DE MORUE AU PERSIL

Préparation : 20 min – Cuisson : 35 min – Dessalage : 8 h 8 pers. ✕✕ ⚭

1,200 kg de morue / 2 oignons / 500 g de pommes de terre / 1 bouquet de persil / 50 g de beurre / 400 g de pâte demi-feuilletée (p. 14) / 1 jaune d'œuf / 25 cl de crème fraîche / Sel, poivre.

Faire dessaler la morue à l'eau pendant 8 heures en la changeant plusieurs fois.

Peler et émincer les oignons et les pommes de terre.

Laver, sécher et hacher le persil.

Beurrer un moule à tarte. Poser un disque de pâte demi-feuilletée. Piquer la pâte avec une fourchette. Étendre les pommes de terre, saler et poivrer, les oignons, le persil et la morue. Parsemer de 25 g de beurre en petits morceaux. Couvrir avec un disque de pâte demi-feuilletée et réunir les rebords des deux pâtes. Au centre, creuser un trou et y mettre une cheminée en papier d'aluminium. Badigeonner le dessus de jaune d'œuf et le décorer.

Enfourner pendant 35 minutes à 180 °C (th. 6).

Dans une casserole, faire chauffer la crème sur feu doux. Saler et poivrer. L'introduire dans la tourte par le trou de la cheminée.

Servir avec des épinards.

TOURTE DE SAUMON FUMÉ AU CHOU VERT

Préparation : 20 min – Cuisson : 48 min 6 pers. ✕✕ ⚭

1 chou vert / 2 échalotes / 95 g de beurre / 3 œufs / 20 cl de crème fraîche / 1 cuil. à café de thym / 6 tranches de saumon fumé / Sel, poivre.

Retirer les plus grandes feuilles et le cœur de chou : les laver et couper le cœur de chou en fines lamelles.

Dans un faitout, faire cuire l'ensemble dans de l'eau bouillante salée pendant 8 minutes. Égoutter et sécher les feuilles et les lamelles.

Peler et hacher les échalotes.

Dans un faitout, faire cuire les échalotes et le cœur de chou dans 75 g de beurre pendant 15 minutes sur feu doux.

Mélanger les 3 œufs avec la crème fraîche et le thym au cœur de chou.

Saler et poivrer.

Beurrer un moule à tarte. Poser les plus grandes feuilles de chou de manière à les faire dépasser au maximum. Verser la garniture au cœur de chou, puis les tranches de saumon fumé et rabattre les feuilles de chou.

Enfourner pendant 25 minutes à 180 °C (th. 6).

TOURTE DE SAUMON FUMÉ AUX OIGNONS ET AUX CAROTTES

Préparation : 20 min – Cuisson : 35 min 6 pers.

3 oignons / 2 carottes / 40 g de beurre / 20 cl de crème fraîche / 1 bouquet d'aneth / 300 g de saumon fumé / 3 œufs + 1 jaune / 400 g de pâte brisée (p. 12) / Sel, poivre.

Peler et émincer les oignons et les carottes.

Dans une poêle, faire revenir les oignons et les carottes dans 25 g de beurre pendant 8 minutes sur feu moyen.

Verser la crème fraîche et bien mélanger. Saler légèrement et poivrer.

Laver, sécher et hacher la moitié du bouquet d'aneth.

Mélanger le saumon coupé finement aux 3 œufs battus et verser la crème aux légumes avec l'aneth.

Beurrer un moule à tarte. Poser un disque de pâte brisée. Piquer la pâte avec une fourchette. Verser la garniture au saumon fumé. Couvrir avec un disque de pâte brisée et réunir les rebords des deux pâtes. Au centre, creuser un trou et y mettre une cheminée en papier d'aluminium. Badigeonner le dessus de jaune d'œuf et le décorer.

Enfourner pendant 25 minutes à 180 °C (th. 6).

Servir avec de la salade feuille de chêne.

POISSONS

TOURTE DE SAUMON AUX POIREAUX

Préparation : 15 min – Cuisson : 30 min 6 pers.

1 kg de poireaux / 400 g de saumon frais / 150 g de saumon fumé / 2 cuil. à soupe d'huile d'olive / 500 g de crème fraîche épaisse / 4 œufs + 1 jaune / 25 g de beurre / 200 g de pâte brisée (p. 12) / 200 g de pâte feuilletée / Sel, poivre.

Éplucher et laver les poireaux. Les émincer.

Couper les saumons en petits morceaux.

Dans une poêle, faire revenir les poireaux et les saumons dans l'huile pendant 5 minutes sur feu moyen.

Mélanger la crème fraîche avec les 4 œufs. Poivrer.

Beurrer un moule à tarte. Poser un disque de pâte brisée. Piquer la pâte avec une fourchette. Verser la garniture au saumon. Poser dessus la crème aux œufs. Couvrir avec un disque de pâte feuilletée et réunir les rebords des deux pâtes. Au centre, creuser un trou et y mettre une cheminée en papier d'aluminium. Badigeonner le dessus de jaune d'œuf et le décorer.

Enfourner pendant 25 minutes à 180 °C (th. 6).

Servir avec une batavia.

TOURTE DE THON AUX CHAMPIGNONS, AU SURIMI ET À LA BISQUE DE HOMARD

Préparation : 15 min – Cuisson : 55 min 6 pers.

85 g de beurre / 60 g de farine / 50 cl de crème fraîche liquide / 300 g de bisque de homard / 300 g de surimi / 400 g de thon au naturel en boîte / 150 g de champignons de Paris / 400 g de pâte feuilletée / 1 jaune d'œuf / Sel, poivre.

Dans une casserole, faire fondre 60 g de beurre sur feu doux, verser la farine et faire cuire pendant 3 minutes tout en remuant. Verser la crème, saler et poivrer. Laisser cuire jusqu'à épaississement. Éteindre le feu, verser la bisque de homard et bien mélanger.

Égoutter le surimi, le thon et les champignons. Émietter le thon, émincer le surimi et les champignons. Les verser dans la bisque de homard crémeuse.

Beurrer un moule à tarte. Poser un disque de pâte feuilletée. Piquer la pâte avec une fourchette. Verser la garniture au thon. Couvrir avec un disque de pâte feuilletée et réunir les rebords des deux pâtes. Au centre, creuser un trou et y mettre une cheminée en papier d'aluminium. Badigeonner le dessus de jaune d'œuf et le décorer.

Enfourner pendant 45 minutes à 180 °C (th. 6).

Servir avec des avocats.

TOURTE DE THON À LA MÉDITERRANÉENNE

Préparation : 20 min – Cuisson : 50 min – Marinade : 30 min 6 pers.

600 g de thon frais en tranches / 1 citron / 4 cuil. à soupe d'huile d'olive / 1 gousse d'ail / 2 oignons / 4 tomates / 25 g de beurre / 400 g de pâte à pâtés (p. 15) / 2 cuil. à soupe de farine / 200 g d'olives niçoises dénoyautées / 6 filets d'anchois / 10 cl de vin blanc / 1 cuil. à soupe d'herbes de Provence / 1 jaune d'œuf / Sel, poivre.

Faire mariner pendant 30 minutes les tranches de thon dans le jus du citron pressé et la moitié de l'huile.

Peler et émincer l'ail, les oignons et les tomates.

Beurrer un moule à tarte. Poser un disque de pâte à pâtés. Piquer la pâte avec une fourchette. Couvrir le fond de farine. Poser une couche de tomates et d'oignons avec la moitié des olives coupées en deux. Mettre le thon et les filets d'anchois. Saler et poivrer. Couvrir du reste de tomates, d'oignons et d'olives. Verser le vin blanc mélangé au reste d'huile d'olive et aux herbes de Provence. Couvrir avec un disque de pâte à pâtés et réunir les rebords des deux pâtes. Au centre, creuser un trou et y mettre une cheminée en papier d'aluminium. Badigeonner le dessus de jaune d'œuf et le décorer.

Enfourner pendant 50 minutes à 180 °C (th. 6).

Servir avec une salade de tomates et de concombres.

TOURTE DE TRUITE ET DE HADDOCK FUMÉS AVEC PALOURDES ET COQUES

Préparation : 25 min – Cuisson : 40 min 6 pers.

1 oignon / 15 palourdes / 15 coques / 15 cl de vin blanc / 250 g de haddock fumé / 250 g de truite fumée / 25 cl de crème fraîche liquide / 4 œufs + 1 jaune / Deux pincées de noix de muscade / 25 g de beurre / 400 g de pâte demi-feuilletée (p. 14) / Poivre.

Peler l'oignon et le hacher. Laver les palourdes et les coques sous l'eau.

Dans un faitout, faire ouvrir les coquillages avec le vin blanc et l'oignon sur feu vif pendant 3 minutes. Ôter les coquilles des palourdes et des coques.

Ôter la peau et les arêtes du haddock.

Couper les poissons en petits morceaux.

Mélanger la crème et les 4 œufs avec la noix de muscade. Poivrer. Ajouter les coquillages avec l'oignon et les poissons.

Beurrer un moule à tarte. Poser un disque de pâte demi-feuilletée. Piquer la pâte avec une fourchette. Verser la garniture crémeuse. Couvrir avec un disque de pâte demi-feuilletée et réunir les rebords des deux pâtes. Au centre, creuser un trou et y mettre une cheminée en papier d'aluminium. Badigeonner le dessus de jaune d'œuf et le décorer.

Enfourner pendant 40 minutes à 180 °C (th. 6).

Servir avec une salade frisée.

TOURTE D'ESCARGOTS AU COMTÉ

Préparation : 30 min – Cuisson : 40 min 4 pers.

55 g de beurre / 15 g de farine / 15 cl de lait / 150 g de comté râpé / 2 jaunes d'œufs / 36 escargots / 15 cl de vin de liqueur / 4 cuil. à soupe de persil haché / 300 g de pâte feuilletée / 25 cl de crème fraîche / Sel, poivre.

Dans une casserole, faire fondre sur feu doux 15 g de beurre. Ajouter la farine. Bien mélanger, verser le lait. Saler, poivrer. Mélanger jusqu'à épaississement. Éteindre le feu. Ajouter le comté avec 1 jaune d'œuf.

Dans une poêle, faire revenir les escargots dans 25 g de beurre pendant 3 minutes sur feu moyen. Verser la moitié du vin de liqueur avec le persil. Laisser réduire.

Beurrer un moule à tarte. Poser un disque de pâte feuilletée. Piquer la pâte avec une fourchette. Verser les escargots et la sauce. Couvrir avec un disque de pâte feuilletée et réunir les rebords des deux pâtes. Au centre, creuser un trou et y mettre une cheminée en papier d'aluminium. Badigeonner le dessus de jaune d'œuf et le décorer.

Enfourner pendant 30 minutes à 180 °C (th. 6).

Dans une casserole, faire chauffer la crème avec le reste de vin de liqueur.

Saler, poivrer et verser dans la tourte par la cheminée.

Servir avec une salade mélangée.

TOURTE DE GRENOUILLES AU PORTO BLANC

Préparation : 30 min – Cuisson : 50 min 6 pers.

2 oignons / 50 g de beurre / 30 paires de cuisses de grenouille / 15 cl de porto blanc / 50 cl de fond de volaille / 1 cuil. à soupe d'ail et de fines herbes hachés / 20 cl de crème fraîche / 400 g de pâte brisée (p. 12) / 1 jaune d'œuf / Sel, poivre.

Peler et hacher les oignons.

Dans un faitout, les faire revenir dans 25 g de beurre avec les cuisses de grenouille pendant 3 minutes sur feu moyen. Saler et poivrer. Verser le porto et le fond de volaille. Porter à ébullition et laisser cuire pendant 5 minutes de plus.

Ôter les os des cuisses de grenouille. Faire réduire la sauce de moitié sur feu vif.

Mélanger l'ail et les fines herbes à la sauce avec la crème fraîche. Ajouter les cuisses de grenouille.

Dans un moule à tarte beurré, poser un disque de pâte brisée. Piquer la pâte avec une fourchette. Verser la garniture de cuisses de grenouille. Couvrir avec un disque de pâte brisée et réunir les rebords des deux pâtes. Au centre, creuser un trou et y mettre une cheminée en papier d'aluminium.

Badigeonner le dessus de jaune d'œuf et le décorer.

Enfourner pendant 35 minutes à 180 °C (th. 6).

TOURTE DE VOLAILLE AUX FINES HERBES

Préparation : 30 min – Cuisson : 45 min 8 pers.

400 g de blanc de poulet / 6 foies de volaille / 150 g de lardons fumés / 1 oignon / 1 blanc de poireau / 5 cl de vin blanc / 1 cube de bouillon de volaille / 2 cuil. à soupe de fines herbes hachées / 1 cuil. à café d'ail haché / 25 g de beurre / 400 g de pâte demi-feuilletée (p. 14) / 1 jaune d'œuf / Sel, poivre.

Hacher les blancs de poulet, les foies de volaille et les lardons.

Peler et hacher l'oignon et le blanc de poireau. Les ajouter à la viande avec le vin blanc.

Faire fondre le cube de bouillon de volaille dans 20 cl d'eau bouillante. Verser le bouillon sur la viande, bien mélanger avec les fines herbes et l'ail. Saler et poivrer.

Beurrer un moule à tarte. Poser un disque de pâte demi-feuilletée. Piquer la pâte avec une fourchette. Verser la garniture. Couvrir avec un disque de pâte demi-feuilletée et réunir les rebords des deux pâtes. Au centre, creuser un trou et y mettre une cheminée en papier d'aluminium. Badigeonner le dessus de jaune d'œuf et le décorer.

Enfourner pendant 45 minutes à 180 °C (th. 6).

Servir avec une batavia.

TOURTE DE FOIE GRAS AU CÉLERI ET AUX MARRONS

Préparation : 10 min – Cuisson : 25 min 4 pers.

25 g de beurre / 400 g de pâte demi-feuilletée (p. 14) / 20 cl de purée de céleri / 2 cuil. à soupe de crème fraîche / 5 tranches de foie gras de canard / 20 cl de purée de marrons / 1 jaune d'œuf / Sel, poivre.

Beurrer un moule à tarte. Poser un disque de pâte demi-feuilletée. Piquer la pâte avec une fourchette. Étaler la purée de céleri mélangée à la moitié de la crème fraîche. Couvrir des tranches de foie gras. Étaler dessus la purée de marrons mélangée au reste de crème fraîche. Saler et poivrer. Couvrir avec un disque de pâte demi-feuilletée et réunir les rebords des deux pâtes. Au centre, creuser un trou et y mettre une cheminée en papier d'aluminium. Badigeonner le dessus de jaune d'œuf et le décorer.

Enfourner pendant 25 minutes à 180 °C (th. 6).

Servir avec une roquette à l'huile de noix.

TOURTE DE CANARD AUX CÈPES

Préparation : 30 min – Cuisson : 1 h 06 min
Marinade : 12 h

8 pers.

2 échalotes / 2 carottes / 1 branche de céleri / 1 oignon piqué de 4 clous de girofle / 6 cuisses de canard / 1 bouquet garni / 5 cl d'huile d'olive / 5 cl d'armagnac / 75 cl de vin rouge / 1 kg de cèpes / 2 cuil. à soupe de graisse d'oie / 1 cuil. à soupe de farine / 1 cuil. à café de fécule de maïs / 25 g de beurre / 400 g de pâte feuilletée / 1 jaune d'œuf / Sel, poivre.

Peler et émincer les échalotes, les carottes et le céleri.

Les mettre dans une terrine avec l'oignon, les cuisses de canard, le bouquet garni et l'huile d'olive, l'armagnac et le vin rouge. Laisser mariner pendant 12 heures.

Laver, sécher et émincer les cèpes. Les faire revenir dans une poêle pendant 5 minutes sur feu moyen. Saler et poivrer.

Retirer les cuisses de canard et réserver la marinade sans l'oignon ni le bouquet garni.

Dans un autocuiseur, faire revenir les cuisses de canard dans la graisse d'oie pendant 3 minutes sur feu vif. Verser la farine et la marinade. Saler et poivrer.

Fermer avec le couvercle. Faire chauffer sur feu vif.

Quand la vapeur s'échappe, laisser cuire pendant 18 minutes sur feu doux.

Éteindre le feu. Laisser la vapeur s'échapper par son conduit d'évacuation.

Lorsque la pression est descendue, ouvrir l'autocuiseur.

Ôter les os du canard. Ajouter les cèpes et la fécule de maïs. Bien mélanger.

Beurrer un moule à tarte. Poser un disque de pâte feuilletée. Piquer la pâte avec une fourchette. Verser la garniture aux cèpes. Couvrir avec un disque de pâte feuilletée et réunir les rebords des deux pâtes. Au centre, creuser un trou et y mettre une cheminée en papier d'aluminium. Badigeonner le dessus de jaune d'œuf et le décorer.

Enfourner pendant 40 minutes à 180 °C (th. 6).

Servir avec des rondelles de carottes cuites.

TOURTE DE DINDE ET DE CHAMPIGNONS

Préparation : 15 min – Cuisson : 45 min 6 pers.
Repos : 30 à 45 min

600 g de filet de dinde / 2 gousses d'ail / 2 échalotes / 2 carottes / Une poignée de haricots / 25 g de beurre / Une poignée de petits pois / 50 cl de potage de crème de champignons / 400 g de pâte briochée (p. 14) / 1 jaune d'œuf / Sel, poivre.

Couper la viande en morceaux.

Peler l'ail et les échalotes et les hacher. Peler les carottes et les râper. Couper les extrémités des haricots et les couper en deux.

Dans une poêle, faire revenir l'ail et les échalotes dans le beurre pendant 2 minutes puis ajouter la viande. Faire revenir pendant 3 minutes de plus. Ajouter les légumes, saler et poivrer et faire cuire pendant 3 minutes supplémentaires. Verser le potage de crème de champignons. Bien mélanger.

Dans un moule à tarte, poser un disque de pâte briochée. Piquer la pâte avec une fourchette. Verser la garniture. Couvrir avec un disque de pâte briochée et réunir les rebords des deux pâtes.

Couvrir la tourte d'un linge et laisser lever au chaud pendant 30 à 45 minutes. Badigeonner le dessus de jaune d'œuf et le décorer.

Enfourner pendant 35 minutes à 180 °C (th. 6).

Servir avec des poireaux à la vinaigrette.

TOURTE DE DINDE AU CHOU VERT

Préparation : 25 min – Cuisson : 58 min 4 pers.

800 g de blanc et de cuisse de dinde désossée / 2 pommes vertes / 1 chou vert / 3 cuil. à soupe d'huile / 20 cl de vin blanc / 10 cl de crème fraîche liquide / 25 g de beurre / 400 g de pâte brisée (p. 12) / 1 jaune d'œuf / Sel, poivre.

Couper la viande en morceaux.

Peler, épépiner et couper les pommes en morceaux. Hacher le tout.

Couper le chou en fines lanières et le plonger pendant 5 minutes dans une casserole d'eau bouillante salée. Égoutter le chou.

Dans un faitout, faire revenir la viande, les pommes et le chou dans l'huile pendant 3 minutes sur feu vif. Verser le vin blanc et ajouter la crème fraîche. Saler et poivrer. Faire cuire pendant 5 minutes sur feu doux.

Dans un moule à tarte beurré, poser un disque de pâte brisée. Piquer la pâte avec une fourchette. Verser la garniture. Couvrir avec un disque de pâte brisée et réunir les rebords des deux pâtes. Au centre, creuser un trou et y mettre une cheminée en papier d'aluminium.

Badigeonner le dessus de jaune d'œuf et le décorer.

Enfourner pendant 45 minutes à 180 °C (th. 6).

Décorer les assiettes de lamelles de chou et de pomme avec la peau.

TOURTE DE LAPIN AUX NOISETTES ET AU SERPOLET

Préparation : 30 min – Cuisson : 1 h – Marinade : 1 nuit 6 pers. XXX OOO

150 g de filet, de cuisse et de rognon de lapin / 270 g de chair, de foie et de flanc de lapin / 200 g de lard / 1 échalote / 30 g de beurre / 12 cl de beaujolais / 2 cuil. à soupe de serpolet / 50 g de noisettes / 1 œuf + 1 jaune / 1 cuil. à soupe de fond de volaille / 400 g de pâte à pâtés (p. 15) / Sel, poivre.

Couper en petits cubes dans un plat filet, cuisse et rognon de lapin avec 75 g de lard.

Faire de même avec la chair, le foie et le flanc de lapin et 125 g de lard.

Peler et hacher l'échalote. La faire revenir pendant 2 minutes sur feu moyen dans une poêle avec une noix de beurre. Verser 2 cl de beaujolais. Laisser cuire pendant 3 minutes de plus. Verser la moitié dans chaque plat. Saler, poivrer et ajouter la moitié du serpolet et 5 cl de beaujolais dans chaque plat.

Laisser mariner pendant une nuit.

Ôter la peau des noisettes et les faire griller au four à 180 °C (th. 6) pendant 5 minutes.

Égoutter et hacher la chair, le foie et le flanc de lapin avec le lard et 1 œuf. Mélanger avec le fond de volaille battu dans 15 cl d'eau. Ajouter filet, cuisse et rognon de lapin et lard égouttés et noisettes.

Beurrer un moule à tarte. Poser un disque de pâte à pâtés. Piquer la pâte avec une fourchette. Verser la garniture au lapin. Couvrir avec un disque de pâte à pâtés et réunir les rebords des deux pâtes. Au centre, creuser un trou et y mettre une cheminée en papier d'aluminium. Badigeonner le dessus de jaune d'œuf et le décorer.

Enfourner pendant 55 minutes à 180 °C (th. 6).

Servir avec une salade de mâche.

TOURTE DE PIGEON AU CINQ-ÉPICES

Préparation : 30 min – Cuisson : 1 h 15 min 4 pers.

4 pigeons vidés et leurs abats / 275 g de beurre / 2 oignons / 2 cuil. à soupe de coriandre / 1 cuil. à soupe de persil / 1 cuil. à café de gingembre / Une pincée de cumin / Une pincée de curcuma / Une pincée de safran / Une pincée de poivre / 2 cuil. à soupe de cannelle / 6 œufs + 2 jaunes / 250 g d'amandes pilées / 2 cuil. à soupe de sucre en poudre / 10 feuilles de pâte filo / 3 cuil. à soupe d'huile / 2 cuil. à soupe de sucre glace.

Dans un faitout, faire revenir les pigeons dans 200 g de beurre pendant 5 minutes sur feu moyen. Peler et émincer les oignons. Les ajouter aux pigeons avec les abats et faire revenir pendant 3 minutes sur feu doux.

Ajouter la coriandre, le persil, le gingembre, le cumin, le curcuma, le safran, le poivre et 1 cuillerée à soupe de cannelle. Verser 25 cl d'eau.

Faire cuire pendant 45 minutes sur feu doux à couvert.

Ôter les pigeons, retirer la peau et les os. Couper la chair en petits morceaux.

Réserver 50 cl de jus de cuisson.

Faire réduire le reste du jus jusqu'à ce qu'il ne reste plus qu'une louche de liquide.

Dégraisser au maximum. Réserver.

Dans le faitout, verser les 50 cl de jus de cuisson avec les œufs et faire cuire pendant 5 minutes sur feu moyen. Ajouter à la sauce le liquide réservé.

Faire fondre 25 g de beurre au bain-marie. Ajouter les amandes, le sucre en poudre et une pincée de cannelle.

Enduire 5 feuilles de pâte filo de beurre et les poser les unes sur les autres. Au milieu, verser la sauce aux amandes puis la moitié du jus de cuisson. Parsemer de chair de pigeon. Verser dessus le reste du jus de cuisson. Couvrir avec 5 feuilles de pâte filo préalablement enduites de beurre et réunir les rebords des pâtes.

Dans une casserole, faire fondre 25 g de beurre avec l'huile et faire frire pendant 3 minutes de chaque côté la tourte sur feu moyen.

Saupoudrer de sucre glace et de cannelle.

LA PASTILLA

La tourte de pigeon au cinq-épices n'est rien d'autre que la pastilla, un plat typique du Maroc qui peut également se préparer avec du poulet, du poisson, des fruits de mer ou encore des abats.

Pendant les fêtes, les Marocains la servent au début du repas.

TOURTE DE POULET AU FOIE GRAS TRUFFÉ

Préparation : 15 min – Cuisson : 40 min
Repos : 30 à 45 min

6 pers.

3 blancs de poulet / 3 cl de madère / 500 g de foie gras de canard / 25 g de beurre / 400 g de pâte briochée (p. 14) / 50 g de brisures de truffes / 1 jaune d'œuf / Sel, poivre.

Couper les blancs de poulet en fines lamelles. Verser le madère. Saler et poivrer.

Couper le foie gras en fines tranches.

Dans un moule à tarte beurré, poser un disque de pâte briochée. Piquer la pâte avec une fourchette. Poser la moitié du poulet, puis la moitié du foie gras, puis les truffes et enfin le reste de foie gras, puis le reste de poulet. Couvrir avec un disque de pâte briochée et réunir les rebords des deux pâtes. Faire une cheminée en papier d'aluminium au centre de la tourte.

Couvrir la tourte d'un linge et laisser lever au chaud pendant 30 à 45 minutes. Badigeonner le dessus de jaune d'œuf et le décorer.

Enfourner pendant 40 minutes à 180 °C (th. 6).

Servir frais avec une salade mélangée.

VOLAILLES

TOURTE DE POULET À LA SAUGE ET AU ROMARIN

Préparation : 30 min – Cuisson : 50 min

8 pers.

1 kg de poulet en morceaux / 4 cuil. à soupe d'huile d'olive / 15 cl de lait / 75 g de gruyère / 3 œufs + 1 jaune / 1 cuil. à café de sauge / 1 cuil. à café de romarin / 5 cl de vin blanc / 200 g de jambon blanc / 25 g de beurre / 400 g de pâte brisée (p. 12) / Sel, poivre.

Dans un faitout, faire revenir les morceaux de poulet dans l'huile pendant 10 minutes sur feu moyen. Saler et poivrer. Couvrir et laisser cuire pendant 10 minutes sur feu doux.

Mélanger le lait au gruyère râpé avec les 3 œufs, la sauge, le romarin et le vin blanc. Saler et poivrer.

Prélever la chair du poulet et la couper en petits morceaux avec le jambon. Mélanger avec le lait au gruyère.

Beurrer un moule à tarte. Poser un disque de pâte brisée. Piquer la pâte avec une fourchette. Verser la garniture. Couvrir avec un disque de pâte brisée et réunir les rebords des deux pâtes. Au centre, creuser un trou et y mettre une cheminée en papier d'aluminium. Badigeonner le dessus de jaune d'œuf et le décorer.

Enfourner pendant 50 minutes à 180 °C (th. 6).

Servir avec des poireaux à la vinaigrette.

TOURTE ALGÉRIENNE DE POULET

Préparation : 45 min – Cuisson : 1 h 15 min 8 pers.

1 kg de haricots blancs / 2 gousses d'ail / Une poignée de persil / 1 tomate / 1 poulet en morceaux / 10 cl d'huile / 70 g de beurre / 20 g de concentré de tomates / 1 cuil. à café d'harissa / 1 cuil. à café de cumin /12 feuilles de brick / Sel, poivre.

Écosser les haricots blancs. Peler et hacher l'ail. Laver, sécher et hacher le persil.

Jeter la tomate pendant quelques secondes dans une casserole d'eau bouillante. La peler et la hacher.

Dans un faitout, faire revenir le poulet dans l'huile et 20 g de beurre pendant 5 minutes sur feu moyen. Verser le concentré de tomates avec 5 cl d'eau, la tomate, l'harissa, l'ail, le persil et le cumin. Saler et poivrer.

Ajouter les haricots et faire cuire pendant 45 minutes à couvert sur feu doux.

Ôter la peau et les os du poulet. Hacher la chair et la mélanger à la sauce et aux haricots.

Enduire 6 feuilles de brick de beurre et les poser les unes sur les autres dans un plat beurré allant au four. Au milieu, verser la garniture au poulet. Couvrir avec 6 feuilles de brick préalablement enduites de beurre et réunir les rebords des pâtes.

Beurrer le dessus et enfourner à 180 °C (th. 6) pendant 25 minutes.

TOURTE DE POULET AUX POIREAUX

Préparation : 30 min – Cuisson : 1 h 6 pers.

1 kg de poulet / 2 échalotes / 1 cuil. à soupe de laurier / 3 poireaux / 25 g de beurre / 400 g de pâte à pâtés (p. 15) / 1 jaune d'œuf / 10 cl de crème fraîche / Sel, poivre.

Dans un autocuiseur, poser le poulet et le couvrir d'eau froide. Ajouter les échalotes émincées avec le laurier. Saler. Fermer avec le couvercle. Faire chauffer sur feu vif.

Quand la vapeur s'échappe, laisser cuire pendant 20 minutes sur feu doux.

Sortir le poulet. Ôter la peau et les os et couper le poulet en morceaux.

Réserver 25 cl de bouillon avec les échalotes. Laver, sécher et émincer les poireaux.

Beurrer un moule à tarte. Poser un disque de pâte à pâtés. Piquer la pâte avec une fourchette. Verser la garniture composée du poulet et des poireaux avec le bouillon. Saler et poivrer. Couvrir avec un disque de pâte à pâtés et réunir les rebords des deux pâtes. Au centre, creuser un trou et y mettre une cheminée en papier d'aluminium. Badigeonner le dessus de jaune d'œuf et le décorer.

Enfourner pendant 40 minutes à 180 °C (th. 6).

Dans une casserole, faire chauffer sur feu doux la crème avec une pincée de laurier. La verser dans la tourte, par la cheminée.

TOURTE AUX DEUX VIANDES

Préparation : 30 min – Cuisson : 50 min – Marinade : 1 h 8 pers.

350 g de porc / 350 g de veau / 50 cl de vin blanc / 2 oignons / 3 gousses d'ail / 1 carotte / 2 cuil. à café de bouquet garni / 2 cuil. à soupe d'huile / 25 cl de crème fraîche liquide / 3 œufs + 1 jaune / 25 g de beurre / 400 g de pâte à pâtés (p. 15) / Sel, poivre.

Faire mariner pendant 1 heure les viandes coupées en petits morceaux avec le vin blanc, les oignons, l'ail et la carotte préalablement pelés et hachés ainsi que le bouquet garni. Récupérer la viande et les légumes dans une passoire. Jeter le vin blanc.

Dans un faitout, faire revenir les morceaux de viande avec les légumes et les herbes dans l'huile pendant 5 minutes sur feu moyen. Saler et poivrer.

Mélanger la crème fraîche avec les 3 œufs. Saler et poivrer. Incorporer la viande.

Beurrer un moule à tarte. Poser un disque de pâte à pâtés. Piquer la pâte avec une fourchette. Verser la garniture. Couvrir avec un disque de pâte à pâtés et réunir les rebords des deux pâtes. Au centre, creuser un trou et y mettre une cheminée en papier d'aluminium. Badigeonner le dessus de jaune d'œuf et le décorer.

Enfourner pendant 50 minutes à 180 °C (th. 6).

Servir avec une salade de mâche et de champignons de Paris.

VIANDES

TOURTE DE VIANDES AUX CÈPES

Préparation : 10 min – Cuisson : 1 h 10 min 6 pers.

200 g de veau / 200 g de porc / 200 g de poulet / 4 cuil. à soupe de graisse d'oie / 3 oignons / 400 g de cèpes / 10 cl de vin blanc / 15 cl de bouillon de volaille / 2 cuil. à soupe de farine / 1 kg de salsifis / 25 g de beurre / 400 g de pâte à pâtés (p. 15) / 1 jaune d'œuf / Sel, poivre.

Dans un autocuiseur, faire revenir les viandes coupées en morceaux dans la graisse d'oie pendant 10 minutes sur feu moyen. Peler et émincer les oignons. Les ajouter aux viandes avec les cèpes lavés et finement coupés. Faire cuire pendant 5 minutes.

Verser le vin blanc, le bouillon de volaille et mélanger avec la farine. Saler et poivrer.

Fermer avec le couvercle. Quand la soupape chuchote, faire cuire pendant 15 minutes sur feu doux.

Faire cuire les salsifis dans une casserole d'eau bouillante salée pendant 10 minutes.

Beurrer un moule à tarte. Poser un disque de pâte à pâtés. Piquer la pâte avec une fourchette. Verser la garniture de viandes et sa sauce. Verser dessus les salsifis égouttés. Couvrir avec un disque de pâte à pâtés et réunir les rebords des deux pâtes. Au centre, creuser un trou et y mettre une cheminée en papier d'aluminium. Badigeonner le dessus de jaune d'œuf et le décorer.

Enfourner pendant 40 minutes à 180 °C (th. 6) et décorer les assiettes de salsifis.

TOURTE AUX CINQ ÉPICES

Préparation : 20 min – Cuisson : 1 h 10 min 6 pers. ✕✕ ∞

200 g de porc / 200 g de bœuf / 200 g de veau / 150 g de lard / 1 pomme de terre / 1 gousse d'ail / 1 oignon / 2 cuil. à soupe d'huile / 1 cuil. à café de cinq-épices / 10 cl de lait / 1 œuf + 1 jaune / 25 g de beurre / 400 g de pâte à pâtés (p. 15) / Sel, poivre.

Hacher les viandes et le lard avec la pomme de terre pelée.

Dans un autocuiseur, faire revenir l'ail et l'oignon hachés dans l'huile 2 minutes sur feu vif, ajouter le hachis et le cinq-épices et faire revenir 3 minutes de plus. Couvrir d'eau. Saler et poivrer. Fermer. Faire chauffer sur feu vif. Quand la vapeur s'échappe, laisser cuire 25 minutes sur feu doux.

Ouvrir l'autocuiseur.

Faire réduire la sauce de moitié. Verser le lait et l'œuf et bien mélanger.

Beurrer un moule à tarte. Poser un disque de pâte à pâtés. Piquer la pâte avec une fourchette. Verser la garniture aux trois viandes. Couvrir avec un disque de pâte à pâtés et réunir les rebords des deux pâtes. Au centre, creuser un trou et y mettre une cheminée en papier d'aluminium. Badigeonner le dessus de jaune d'œuf et le décorer.

Enfourner pendant 35 minutes à 180 °C (th. 6).

TOURTE DE BŒUF AUX CHAMPIGNONS

Préparation : 25 min – Cuisson : 55 min 6 pers. ✕✕ ∞

2 échalotes / 2 gousses d'ail / 2 cuil. à soupe d'huile d'olive / 700 g de bœuf / 2 carottes / 250 g de mélange forestier de champignons / 1 tomate / 1 cube de bouillon de viande / 75 g de concentré de tomates / 1 cuil. à soupe d'herbes de Provence / 1 cuil. à soupe de moutarde / 25 g de beurre / 400 g de pâte à pâtés (p. 15) / 1 jaune d'œuf / Sel, poivre.

Peler et hacher les échalotes et l'ail. Les faire revenir 2 minutes dans l'huile sur feu vif.

Hacher la viande, peler et émincer les carottes, laver, sécher et couper finement les champignons et la tomate. Ajouter la viande hachée avec les champignons et les carottes aux échalotes. Faire cuire 3 minutes sur feu vif.

Verser 30 cl d'eau tiède et le cube de bouillon de viande avec la tomate, le concentré de tomates, les herbes de Provence et la moutarde. Faire cuire 10 minutes sur feu doux.

Beurrer un moule à tarte. Poser un disque de pâte à pâtés. Piquer la pâte avec une fourchette. Verser la garniture de viande et sa sauce. Couvrir avec un disque de pâte à pâtés et réunir les rebords des deux pâtes. Au centre, creuser un trou et y mettre une cheminée en papier d'aluminium. Badigeonner le dessus de jaune d'œuf et le décorer.

Cuire 40 minutes à 180 °C (th. 6).

TOURTE DE BŒUF AUX LÉGUMES FAÇON POT-AU-FEU

Préparation : 30 min – Cuisson : 1 h 30 min 6 pers.

700 g de bœuf / 2 gousses d'ail / 2 oignons / 200 g de carottes / 200 g de navets / 200 g de petits pois / 200 g de haricots verts / 2 cuil. à soupe d'huile / 50 g de beurre / 1 bouquet garni / 2 cuil. à soupe de farine / 1 l de bouillon de bœuf / 400 g de pâte brisée (p. 12) / 1 jaune d'œuf / Sel, poivre.

Couper la viande en morceaux.

Peler et hacher l'ail et les oignons. Peler les carottes et les navets et les couper en petits morceaux. Écosser les petits pois. Laver, couper les extrémités des haricots et les couper en deux.

Dans un faitout, faire revenir la viande dans l'huile et la moitié du beurre pendant 3 minutes sur feu vif. Saler et poivrer.

Ajouter les oignons et l'ail avec le bouquet garni. Mélanger avec la farine et le bouillon de bœuf.

Faire cuire à couvert pendant 1 heure sur feu doux. Dix minutes avant la fin de la cuisson, mettre les navets, les carottes, les petits pois et les haricots verts.

Beurrer un moule à tarte. Poser un disque de pâte brisée. Piquer la pâte avec une fourchette. Verser la garniture de viande avec les légumes et la sauce. Couvrir avec un disque de pâte brisée et réunir les rebords des deux pâtes. Au centre, creuser un trou et y mettre une cheminée en papier d'aluminium. Badigeonner le dessus de jaune d'œuf et le décorer.

Enfourner pendant 30 minutes à 180 °C (th. 6).

Servir avec une frisée.

Tourte de veau parfumée au thym

Préparation : 20 min – Cuisson : 55 min – Marinade : 1 nuit 6 pers. ✕✕ ○○

600 g de veau / 3 échalotes / 2 gousses d'ail / 2 bouquets de thym / 1 cuil. à café de laurier / 15 cl de vin blanc sec / 2 cuil. à soupe d'huile / 25 g de beurre / 400 g de pâte à pâtés *(p. 15)* */ 5 jaunes d'œufs / 25 cl de crème fraîche liquide / 1 cuil. à café de thym / Sel, poivre.*

Couper la viande en morceaux. Peler et hacher les échalotes et l'ail. Les mélanger à la viande avec les bouquets de thym et le laurier. Verser le vin blanc. Saler et poivrer. Laisser mariner pendant 1 nuit.

Faire revenir la viande sans la marinade dans l'huile 5 minutes sur feu moyen. La réserver et la remplacer par la marinade. La faire réduire 5 minutes sur feu moyen.

Beurrer un moule à tarte. Poser un disque de pâte à pâtés. Piquer la pâte avec une fourchette. Verser la viande. Couvrir avec un disque de pâte à pâtés et réunir les rebords des deux pâtes. Au centre, creuser un trou et y mettre une cheminée en papier d'aluminium. Badigeonner le dessus de 1 jaune d'œuf et le décorer.

Cuire 40 minutes à 180 °C (th. 6).

Pendant ce temps, mélanger les 4 jaunes d'œufs avec la crème, la marinade et le thym. Saler et poivrer. Verser le mélange dans la cheminée de la tourte.

Enfourner de nouveau pendant 15 minutes.

Servir avec une salade croquante.

VIANDES

Tourte de veau et son écorce de citron confite

Préparation : 20 min – Cuisson : 55 min 4 pers. ✕ ○

1 oignon / 1 pomme / 2 cuil. à soupe d'écorce de citron confite / 300 g de jarret de veau haché / 50 g de beurre / 15 cl de bouillon de poule / Une pincée de quatre-épices / 1 cuil. à soupe de fécule de maïs / 300 g de pâte feuilletée / 1 jaune d'œuf / Sel, poivre.

Peler et hacher l'oignon et la pomme. Râper l'écorce de citron.

Faire revenir l'oignon avec le veau et la pomme dans 25 g de beurre. Ajouter l'écorce de citron, verser le bouillon avec la pincée de quatre-épices. Saler et poivrer. Laisser cuire 10 minutes sur feu doux.

Mélanger avec la fécule de maïs pendant 3 minutes sur feu doux.

Beurrer un moule à tarte. Poser un disque de pâte feuilletée. Piquer la pâte avec une fourchette. Verser la garniture. Couvrir avec un disque de pâte feuilletée et réunir les rebords des deux pâtes. Au centre, creuser un trou et y mettre une cheminée en papier d'aluminium. Badigeonner le dessus de jaune d'œuf et le décorer.

Cuire 35 minutes à 180 °C (th. 6).

TOURTE DE VEAU MARINÉ À LA MOUTARDE

Préparation : 15 min – Cuisson : 35 min – Marinade : 30 min 6 pers.

5 escalopes de veau / 15 cl de vin blanc / 2 œufs + 1 jaune / 1 cuil. à café de poudre de bouillon de volaille / 2 cuil. à soupe de moutarde / Une pincée de paprika / 2 tomates / 250 g de mélange forestier de champignons / 25 g de beurre / 400 g de pâte brisée (p. 12) / 40 g de parmesan / Sel, poivre.

Couper les escalopes en petits morceaux et les faire mariner dans le vin pendant 30 minutes.

Mélanger les 2 œufs avec la poudre de bouillon, la moutarde et le paprika.

Plonger les tomates dans une casserole d'eau bouillante pendant quelques secondes. Les peler et les couper en petits dés. Les ajouter aux œufs avec les champignons. Saler et poivrer.

Beurrer un moule à tarte. Poser un disque de pâte brisée. Piquer la pâte avec une fourchette. Parsemer du parmesan râpé. Ajouter la viande égouttée poivrée. Verser la garniture. Couvrir avec un disque de pâte brisée et réunir les rebords des deux pâtes. Au centre, creuser un trou et y mettre une cheminée en papier d'aluminium. Badigeonner le dessus de jaune d'œuf et le décorer.

Enfourner pendant 35 minutes à 180 °C (th. 6).

Servir avec une salade de mâche.

VIANDES

TOURTE DE BOUDIN NOIR AUX POMMES

Préparation : 15 min – Cuisson : 45 min 6 pers.

400 g de pommes / 75 g de beurre / 400 g de boudin noir / 25 cl de lait / 4 œufs + 1 jaune / 25 cl de crème fraîche / 400 g de pâte brisée (p. 12) / Sel, poivre.

Éplucher les pommes, les épépiner et les couper en quartiers. Dans une poêle, les faire revenir dans 50 g de beurre sur feu moyen pendant 5 minutes.

Couper le boudin en tranches.

Mélanger le beurre des pommes avec le lait, les 4 œufs et la crème pour obtenir un beau mélange. Saler et poivrer.

Beurrer un moule à tarte. Poser un disque de pâte brisée. Piquer la pâte avec une fourchette. Verser les pommes, puis le boudin. Napper de la crème. Couvrir avec un disque de pâte brisée et réunir les rebords des deux pâtes. Au centre, creuser un trou et y mettre une cheminée en papier d'aluminium. Badigeonner le dessus de jaune d'œuf et le décorer.

Enfourner pendant 40 minutes à 180 °C (th. 6).

Décorer les assiettes de miniboudins créoles.

TOURTE PROVENÇALE À LA CHAIR À SAUCISSE

Préparation : 25 min – Cuisson : 50 min 6 pers. ✕✕ ○○

500 g de pommes de terre / 3 œufs + 1 jaune / 100 g de crème fraîche / 2 gousses d'ail / 50 g de beurre / 200 g de chair à saucisse / 1 cuil. à soupe d'herbes de Provence / 1 cuil. à soupe de persil haché / Une pincée de piment / 400 g de pâte feuilletée / Sel, poivre.

Peler les pommes de terre et les râper. Les mélanger avec les 3 œufs, la crème fraîche. Saler et poivrer.

Peler et hacher l'ail.

Dans une poêle, faire revenir dans la moitié du beurre la chair à saucisse avec les herbes de Provence, l'ail, le persil et le piment pendant 5 minutes sur feu moyen. Saler et poivrer.

Mélanger la chair à saucisse aux pommes de terre.

Beurrer un moule à tarte. Poser un disque de pâte feuilletée. Piquer la pâte avec une fourchette. Verser la garniture. Couvrir avec un disque de pâte feuilletée et réunir les rebords des deux pâtes. Au centre, creuser un trou et y mettre une cheminée en papier d'aluminium. Badigeonner le dessus de jaune d'œuf et le décorer.

Enfourner pendant 45 minutes à 180 °C (th. 6).

Servir avec une frisée.

TOURTE À LA SAUCISSE D'HERBES VERTES

Préparation : 15 min – Cuisson : 45 min 6 pers. ✕ ○○

75 g de bettes / 75 g d'épinards / 75 g d'oseille / 75 g de persil / 300 g de filet de porc / 1 oignon / 75 g de lardons / 1 cuil. à soupe de vermouth / 1 œuf + 1 jaune / 25 g de beurre / 400 g de pâte brisée (p. 12) / Sel, poivre.

Plonger les herbes pendant 30 secondes dans une casserole d'eau bouillante. Les sécher.

Hacher le porc avec les herbes, l'oignon pelé, les lardons et le vermouth. Mélanger avec l'œuf, saler et poivrer.

Beurrer un moule à tarte. Poser un disque de pâte brisée. Piquer la pâte avec une fourchette. Poser la garniture de porc. Couvrir avec un disque de pâte brisée et réunir les rebords des deux pâtes. Au centre, creuser un trou et y mettre une cheminée en papier d'aluminium. Badigeonner le dessus de jaune d'œuf et le décorer.

Enfourner pendant 45 minutes à 180 °C (th. 6).

Servir avec de la salade de feuille de chêne.

TOURTE DE JAMBON AU CHOU-FLEUR ET AU PORTO

Préparation : 15 min – Cuisson : 45 min 4 pers. ✕ ∞

8 petits bouquets de chou-fleur / Vinaigre / 4 tranches de jambon blanc / 20 cl de crème fraîche / 130 g de comté / 3 cuil. à soupe de porto / 25 g de beurre / 300 g de pâte à pâtés (p. 15) / 1 jaune d'œuf / Sel, poivre.

Laver les bouquets de chou-fleur dans de l'eau vinaigrée.

Les faire cuire dans une casserole d'eau bouillante salée pendant 10 minutes.

Couper le jambon en carrés.

Mélanger la crème fraîche, le comté préalablement râpé et le porto avec le jambon.

Dans un moule à tarte beurré, poser un disque de pâte à pâtés. Piquer la pâte avec une fourchette. Verser la garniture. Couvrir avec un disque de pâte à pâtés et réunir les rebords des deux pâtes. Au centre, creuser un trou et y mettre une cheminée en papier d'aluminium.

Badigeonner le dessus de jaune d'œuf et le décorer.

Cuire 35 minutes à 180 °C (th. 6).

Servir avec une salade mélangée.

VIANDES

TOURTE DE POMMES DE TERRE AU JAMBON DE PAYS

Préparation : 30 min – Cuisson : 1 h 8 pers. ✕ ○

800 g de pommes de terre / 2 cubes de bouillon de légumes / 1 oignon / 1 blanc de poireau / 2 cuil. à soupe d'huile / 20 cl de crème fraîche liquide / 2 œufs + 1 jaune d'œuf / 120 g de jambon de pays / Deux pincées de noix de muscade / 25 g de beurre / 400 g de pâte à pâtés (p. 15) / Sel, poivre.

Peler les pommes de terre et les couper en morceaux. Les faire cuire pendant 10 minutes dans une casserole d'eau bouillante salée avec les 2 cubes de bouillon de légumes.

Dans un faitout, faire revenir l'oignon et le blanc de poireau préalablement pelés et émincés dans l'huile pendant 5 minutes sur feu moyen. Saler et poivrer.

Mélanger la crème liquide avec les 2 œufs. Saler et poivrer. Incorporer le jambon de pays coupé finement, l'oignon et le blanc de poireau avec les pommes de terre et la noix de muscade.

Beurrer un moule à tarte. Poser un disque de pâte à pâtés. Piquer la pâte avec une fourchette. Verser la garniture. Couvrir avec un disque de pâte à pâtés et réunir les rebords des deux pâtes. Au centre, creuser un trou et y mettre une cheminée en papier d'aluminium. Badigeonner le dessus de jaune d'œuf et le décorer.

Cuire 45 minutes à 180 °C (th. 6).

Servir avec une salade de concombre.

TOURTE DE PORC MARINÉ AUX NOIX ET PERSILLÉE

Préparation : 40 min – Cuisson : 1 h 15 min
Marinade : 12 h

6 pers.

400 g de filet de porc / 17 cl de vin blanc / 1 échalote / 150 g de foie de porc / 200 g de poitrine fraîche / 50 g de lard / 3 œufs + 1 jaune / 1 botte de persil / 50 g de noix / 25 g de beurre / 400 g de pâte feuilletée / 25 cl de crème fraîche / Sel, poivre.

Couper le filet de porc en fines lamelles dans un plat. Verser 7 cl de vin blanc, saler, poivrer et ajouter l'échalote émincée finement. Laisser mariner pendant une nuit.

Égoutter et hacher l'ensemble avec le foie de porc, la poitrine et le lard. Mélanger avec 1 œuf.

Laver, sécher et hacher un quart du bouquet de persil. Ôter les coquilles des noix, les concasser et les faire griller pendant 5 minutes au four à 180 °C (th. 6).

Mêler le persil et les noix concassées et grillées au hachis avec 10 cl de vin blanc. Saler et poivrer.

Beurrer un moule à tarte. Poser un disque de pâte feuilletée. Piquer la pâte avec une fourchette. Verser la garniture au porc. Couvrir avec un disque de pâte feuilletée et réunir les rebords des deux pâtes. Au centre, creuser un trou et y mettre une cheminée en papier d'aluminium. Badigeonner le dessus de jaune d'œuf et le décorer.

Enfourner pendant 50 minutes à 180 °C (th. 6).

Mélanger la crème fraîche avec les 2 œufs restants et 2 cuillerées à soupe de persil haché. Saler et poivrer.

Ôter la cheminée en aluminium.

Verser la préparation crémeuse dans la tourte à l'aide d'un entonnoir.

Remettre à cuire au four pendant 20 minutes de plus.

Servir avec une salade de pissenlit.

TOURTE DE PORC À LA NOIX DE MUSCADE

Préparation : 20 min – Cuisson : 45 min 6 pers.

1 gousse d'ail / 1 oignon / 50 g de beurre / 700 g d'échine de porc / 1 petit pain au lait / 15 cl de lait / 1 œuf + 1 jaune / Une pincée de noix de muscade / 400 g de pâte à pâtés (p. 15) / Sel, poivre.

Peler et hacher l'ail et l'oignon.

Dans une poêle, faire revenir l'ail et l'oignon dans 25 g de beurre pendant 3 minutes sur feu moyen.

Hacher la viande avec le petit pain préalablement trempé dans le lait, l'ail et l'oignon. Ajouter l'œuf et la noix de muscade. Saler et poivrer.

Beurrer un moule à tarte. Poser un disque de pâte à pâtés. Piquer la pâte avec une fourchette. Verser la garniture. Couvrir avec un disque de pâte à pâtés et réunir les rebords des deux pâtes. Au centre, creuser un trou et y mettre une cheminée en papier d'aluminium. Badigeonner le dessus de jaune d'œuf et le décorer.

Cuire 45 minutes à 180 °C (th. 6).

Servir avec une salade de lentilles.

TOURTE DE PORC AUX POMMES ET AUX MARRONS

Préparation : 20 min – Cuisson : 45 min 6 pers.

300 g de filet de porc / 1 cuil. à café de thym / 1 cuil. à café de laurier / 300 g de pommes reinette / 300 g de marrons cuits / 2 œufs + 1 jaune / 25 g de beurre / 400 g de pâte brisée (p. 12) / Sel, poivre.

Hacher le porc. Le mélanger au thym et au laurier, saler et poivrer.

Peler, épépiner et couper les pommes en petits cubes. Les mêler à la viande avec les marrons coupés en quatre et les 2 œufs.

Beurrer un moule à tarte. Poser un disque de pâte brisée. Piquer la pâte avec une fourchette. Verser la garniture. Couvrir avec un disque de pâte brisée et réunir les rebords des deux pâtes. Au centre, creuser un trou et y mettre une cheminée en papier d'aluminium. Badigeonner le dessus de jaune d'œuf et le décorer.

Cuire 45 minutes à 180 °C (th. 6).

Servir avec une frisée.

TOURTE MAROCAINE DE MOUTON AUX FEUILLES DE BRICK

Préparation : 25 min – Cuisson : 40 min 6 pers.

500 g de gigot de mouton / 2 oignons rouges / 1 cuil. à café de cannelle / Une pincée de quatre-épices / 2 cuil. à soupe d'huile / 75 g de beurre / 6 œufs / 12 feuilles de brick / 2 citrons / Sel, poivre.

Hacher la viande. Râper les oignons.

Dans un faitout, faire revenir la viande et les oignons avec la cannelle et le quatre-épices dans 1 cuillerée à soupe d'huile et 25 g de beurre et laisser cuire sur feu doux pendant 25 minutes à couvert. Saler et poivrer.

Dans une poêle huilée, faire une omelette baveuse avec les œufs. Saler et poivrer. La mélanger avec le hachis.

Enduire 6 feuilles de brick de beurre et les poser les unes sur les autres. Au milieu, verser la garniture. Couvrir avec 6 feuilles de brick préalablement enduites de beurre et réunir les rebords des pâtes.

Dans une casserole, faire fondre 25 g de beurre avec 1 cuillerée à soupe d'huile et faire frire pendant 3 minutes de chaque côté la tourte sur feu moyen.

Couper en triangles et garnir avec de fines tranches de citron.

Servir avec une salade verte.

TOURTE DE CHEVREUIL AUX MOUSSERONS

Préparation : 20 min – Cuisson : 1 h 10 min 8 pers.

500 g de chair de chevreuil / 500 g d'échine de porc / 100 g de poitrine de porc fumée / 5 tranches de pain de mie / 15 cl de lait / 1 œuf + 1 jaune / 200 g de mousserons / 1 cuil. à soupe d'armagnac / Une pincée de genièvre écrasé / 25 g de beurre / 400 g de pâte brisée (p. 12) / Sel, poivre.

Hacher le chevreuil ainsi que l'échine et la poitrine de porc avec le pain de mie préalablement trempé dans le lait. Mélanger avec l'œuf et les mousserons préalablement lavés et séchés, l'armagnac et le genièvre. Saler, poivrer.

Beurrer un moule à tarte. Poser un disque de pâte brisée. Piquer la pâte avec une fourchette. Verser la garniture de chevreuil. Couvrir avec un disque de pâte brisée et réunir les rebords des deux pâtes. Au centre, creuser un trou et y mettre une cheminée en papier d'aluminium. Badigeonner le dessus de jaune d'œuf et le décorer.

Cuire 20 minutes à 200 °C (th. 6-7), puis 30 minutes à 180 °C (th. 6) et enfin 20 minutes à 150 °C (th. 5).

Déguster avec une salade de mâche et quelques raisins blancs.

Tourte aux agrumes et au yaourt

Préparation : 35 min – Cuisson : 30 min – Repos : 45 min 8 pers.

400 g de pâte briochée (p. 14) / 1 jaune d'œuf / 1 orange / 12 cl de jus d'orange / 12 cl de jus de pamplemousse / 75 g de sucre en poudre / 8 feuilles de gélatine / 80 g de pâte d'amandes / 350 g de yaourt nature / 1 pamplemousse / 25 cl de crème fouettée.

Dans un moule à tarte, poser la pâte briochée. Piquer la pâte avec une fourchette. Couvrir la pâte d'un linge et laisser lever au chaud pendant 20 à 30 minutes. Badigeonner le dessus de jaune d'œuf et le décorer. Faire cuire la pâte briochée pendant 30 minutes au four à 180 °C (th. 6). La laisser refroidir.

Retirer le zeste de l'orange et couper la chair en dés.

Dans une casserole, faire bouillir le zeste et le jus d'orange avec le jus de pamplemousse et le sucre pendant 5 minutes sur feu moyen. Éteindre le feu et ajouter les feuilles de gélatine préalablement ramollies dans de l'eau froide. Bien mélanger.

Mélanger la pâte d'amandes avec le yaourt. Ajouter le jus d'agrumes. Réfrigérer pendant 15 minutes. Couper la chair du pamplemousse en dés.

Ajouter à la préparation réfrigérée la crème fouettée et les dés d'agrumes.

Couper la brioche en deux dans le sens de la hauteur. Étendre la préparation aux agrumes. Couvrir de la seconde partie de la brioche. Réfrigérer pendant 6 heures.

Décorer les assiettes de quartiers d'orange et de pamplemousse.

TOURTE DE POUDRE D'AMANDE ET DE CHOCOLAT

Préparation : 15 min – Cuisson : 35 min 6 pers. XX O

125 g de chocolat noir / 4 œufs / 150 g de beurre / 125 g de sucre en poudre / Une pincée de sel / Une pincée de levure chimique / 1 sachet de sucre vanillé / 125 g d'amandes en poudre / 4 cuil. à soupe d'amandes effilées.

Faire fondre le chocolat au bain-marie.

Séparer les blancs d'œufs des jaunes.

Mêler 125 g de beurre ramolli au sucre en poudre et aux 4 jaunes d'œufs. Mélanger avec le chocolat.

Monter les blancs en neige avec le sel et la levure chimique. Mélanger avec le sucre vanillé.

Mêler délicatement la poudre d'amande à la sauce au chocolat et aux blancs en neige.

Dans un moule à tarte beurré, verser la pâte. Parsemer d'amandes effilées.

Enfourner pendant 30 minutes à 180 °C (th. 6). Planter un couteau dans la pâte pour vérifier la cuisson.

Déguster froid.

Décorer les assiettes d'un filet de chocolat fondu.

TOURTE D'AMANDES AUX FLEURS D'ACACIA

Préparation : 15 min – Cuisson : 28 min 6 pers. X OO

150 g d'amandes / 10 cl de lait / 100 g de sucre en poudre / 100 g de beurre / 100 g de fleurs d'acacia / 400 g de pâte brisée sucrée (p. 12) / 1 jaune d'œuf / 2 cuil. à soupe d'amandes effilées.

Peler les amandes et les mélanger dans une casserole avec le lait, le sucre, 75 g de beurre fondu. Faire chauffer l'ensemble pendant 3 minutes sur feu moyen.

Ajouter les fleurs d'acacia.

Dans un moule à tarte beurré, poser un disque de pâte brisée. Piquer la pâte avec une fourchette. Verser la garniture aux amandes. Couvrir avec un disque de pâte brisée et réunir les rebords des deux pâtes. Au centre, creuser un trou et y mettre une cheminée en papier d'aluminium. Badigeonner le dessus de jaune d'œuf et le décorer avec les amandes effilées.

Enfourner pendant 25 minutes à 180 °C (th. 6).

Décorer les assiettes d'amandes effilées.

Tourte à la banane et à la noix de coco

Préparation : 15 min – Cuisson : 30 min 6 pers.

1 citron / 2 bananes / 100 g de noix de coco râpée / 100 g de copeaux de banane séchée / 10 cl de lait de coco / 3 œufs + 1 jaune / 25 g de beurre / 400 g de pâte brisée sucrée (p. 12).

Presser le jus du citron.

Peler les bananes, les couper en fines rondelles et les mélanger au jus de citron avec la noix de coco, les copeaux de banane, le lait et 3 œufs.

Beurrer un moule à tarte. Poser un disque de pâte brisée. Piquer la pâte avec une fourchette. Verser la garniture aux bananes. Couvrir avec un disque de pâte brisée et réunir les rebords des deux pâtes. Au centre, creuser un trou et y mettre une cheminée en papier d'aluminium. Badigeonner le dessus de jaune d'œuf et le décorer.

Enfourner pendant 30 minutes à 180 °C (th. 6).

Servir tiède ou froid.

Décorer les assiettes de noix de coco et de banane séchée avec un filet de chocolat fondu.

Tourte de cerises parfumée au kirsch

Préparation : 15 min – Cuisson : 35 min 6 pers.

1 cuil. à soupe de poudre d'amande / 1 cuil. à soupe de fécule de maïs / 500 g de cerises / 25 g de beurre / 400 g de pâte sablée / 125 g de sucre en poudre / 50 g de crème fraîche / 2 cuil. à soupe de kirsch / 1 jaune d'œuf.

Mélanger la poudre d'amande à la fécule de maïs.

Équeuter, laver, sécher et dénoyauter les cerises. Les mêler au mélange poudre-fécule de maïs avec leur jus.

Dans un moule à tarte beurré, poser un disque de pâte sablée. Piquer la pâte avec une fourchette. Verser la garniture aux cerises.

Mélanger le sucre avec la crème fraîche et le kirsch. Verser sur les cerises. Couvrir avec un disque de pâte sablée et réunir les rebords des deux pâtes. Au centre, creuser un trou et y mettre une cheminée en papier d'aluminium. Badigeonner le dessus de jaune d'œuf et le décorer.

Enfourner pendant 35 minutes à 180 °C (th. 6).

Servir la tourte tiède ou froide.

Décorer les assiettes de cerises.

TOURTE DE CHÂTAIGNES À LA CRÈME DE MARRONS VANILLÉE

Préparation : 10 min – Cuisson : 40 min 8 pers.

300 g de châtaignes cuites / 125 g de beurre / 1 gousse de vanille / 125 g de sucre en poudre / 75 g de crème de marrons / 5 cl de crème fraîche épaisse / 2 œufs + 6 jaunes / 400 g de pâte brisée sucrée (p. 12).

Faire revenir dans une poêle les châtaignes coupées en deux dans 100 g de beurre pendant 3 minutes sur feu vif avec la gousse de vanille coupée en deux dans le sens de la longueur. Ajouter le sucre et faire cuire pendant 2 minutes de plus. Ôter la gousse de vanille.

Mêler aux châtaignes la crème de marrons avec la crème fraîche, 2 œufs et 5 jaunes. Bien mélanger.

Dans un moule à tarte beurré, poser un disque de pâte brisée. Piquer la pâte avec une fourchette. Verser la garniture aux châtaignes. Couvrir avec un disque de pâte brisée et réunir les rebords des deux pâtes. Au centre, creuser un trou et y mettre une cheminée en papier d'aluminium. Badigeonner le dessus de jaune d'œuf et le décorer.

Cuire 35 minutes à 180 °C (th. 6).

Décorer les assiettes d'un filet de crème de marrons.

TOURTE DE COURGE ROUGE À L'EAU DE FLEUR D'ORANGER ET AU ZESTE DE CITRON

Préparation : 15 min – Cuisson : 45 min 6 pers.

1 kg de courge rouge / 1 citron / 50 g de beurre / 200 g de sucre en poudre / 2 cuil. à soupe d'eau de fleur d'oranger / 400 g de pâte brisée sucrée (p. 12) / 1 jaune d'œuf.

Couper la courge en petits cubes.

Laver, sécher et retirer le zeste du citron.

Dans un autocuiseur, verser 25 cl d'eau. Poser la courge dans le panier cuisson vapeur en position haute.

Fermer l'autocuiseur avec le couvercle. Faire chauffer sur feu vif.

Quand la vapeur s'échappe, laisser cuire pendant 8 minutes sur feu doux.

Éteindre le feu. Laisser la vapeur s'échapper par son conduit d'évacuation.

Lorsque la pression est descendue, ouvrir l'autocuiseur.

Dans un faitout, faire fondre 25 g de beurre et mélanger la courge avec le sucre, l'eau de fleur d'oranger et le zeste du citron pendant 2 minutes sur feu doux.

Dans un moule à tarte beurré, poser un disque de pâte brisée sucrée. Piquer la pâte avec une fourchette. Verser la garniture à la courge. Couvrir avec un disque de pâte brisée sucrée et réunir les rebords des deux pâtes.

Badigeonner le dessus de jaune d'œuf et le décorer.

Cuire 35 minutes à 180 °C (th. 6).

Décorer les assiettes avec de fines tranches de citron.

TOURTE DE CHOCOLAT AUX PRALINES ET AU MIEL

Préparation : 15 min – Cuisson : 40 min 4 pers. ✕ O

150 g de pralines / 100 g de miel liquide / 3 cuil. à soupe de rhum / 25 g de beurre / 400 g de pâte brisée sucrée (p. 12) / 1 jaune d'œuf / 150 g de chocolat noir / 50 g de crème fraîche.

Écraser les pralines. Les mélanger avec le miel et le rhum.

Dans un moule à tarte beurré, poser un disque de pâte brisée. Piquer la pâte avec une fourchette. Verser la garniture aux pralines. Couvrir avec un disque de pâte brisée et réunir les rebords des deux pâtes. Au centre, creuser un trou et y mettre une cheminée en papier d'aluminium. Badigeonner le dessus de jaune d'œuf.

Enfourner pendant 35 minutes à 180 °C (th. 6).

Laisser reposer jusqu'à ce que la tourte soit froide.

Dans une casserole, faire fondre le chocolat au bain-marie avec la crème fraîche et verser sur la tourte. Réfrigérer.

Accompagner de petites boules de melon arrosées de porto.

TOURTE DE CHOCOLAT À LA MENTHE

Préparation : 15 min – Cuisson : 37 min 6 pers. ✕ O

40 g de feuilles de menthe / 5 cl de lait / 22 cl de crème fraîche / 100 g de chocolat noir / 100 g de mascarpone / 20 g de sucre en poudre / 1 œuf + 1 blanc / 25 g de beurre / 400 g de pâte sablée.

Laver, sécher les feuilles de menthe.

Dans une casserole, faire bouillir le lait avec la crème, le chocolat et les feuilles de menthe pendant 2 minutes sur feu vif.

Ajouter le mascarpone, le sucre et 2 blancs d'œufs. Bien mélanger.

Dans un moule à tarte beurré, poser un disque de pâte sablée. Piquer la pâte avec une fourchette. Verser la garniture au chocolat. Couvrir avec un disque de pâte sablée et réunir les rebords des deux pâtes. Au centre, creuser un trou et y mettre une cheminée en papier d'aluminium. Badigeonner le dessus de jaune d'œuf et le décorer.

Enfourner pendant 35 minutes à 180 °C (th. 6).

Décorer les assiettes d'un filet de chocolat fondu et de feuilles de menthe.

TOURTE DE FIGUES AU MIEL DE LAVANDE

Préparation : 15 min – Cuisson : 53 min 6 pers. ✕✕ ○○

600 g de figues / 30 g de raisins / 60 g de beurre / 200 g de boudoirs / 4 œufs + 1 jaune / 7 cl de lait / 100 g de miel de lavande / 1 sachet de sucre vanillé / 3 cuil. à soupe de semoule de blé / 2 cuil. à soupe de crème fraîche / 75 g d'amandes en poudre / 200 g de pâte demi-feuilletée (p. 14) / 2 cuil. à soupe d'amandes effilées.

Laver, sécher et couper les figues en quatre et les raisins épépinés en deux.

Faire revenir les fruits pendant 3 minutes dans 35 g de beurre sur feu moyen.

Dans un moule à tarte beurré, poser les boudoirs écrasés.

Ajouter les fruits.

Mélanger 4 œufs avec le lait, le miel, le sucre vanillé, la semoule, la crème fraîche et la poudre d'amande.

Verser la crème sur les fruits. Couvrir avec un disque de pâte demi-feuilletée. Au centre, creuser un trou et y mettre une cheminée en papier d'aluminium. Badigeonner le dessus de jaune d'œuf et le décorer avec les amandes effilées.

Enfourner pendant 50 minutes à 180 °C (th. 6). Déguster tiède ou froid.

Décorer les assiettes d'un filet de miel.

TOURTE DE FRAISES AU KIRSCH MERINGUÉE

Préparation : 30 min – Cuisson : 25 min 6 pers. ✕✕✕ ○○

25 g de beurre / 200 g de pâte brisée sucrée (p. 12) / 500 g de fraises / 100 g de sucre en poudre / 3 cl de kirsch / 200 g de biscuits à la cuiller / 2 blancs d'œufs.

Dans un moule à tarte beurré, poser le disque de pâte brisée sucrée. Piquer la pâte avec une fourchette.

Enfourner pendant 15 minutes à 180 °C (th. 6).

Laver, sécher et équeuter les fraises.

Dans une casserole, faire bouillir 50 g de sucre avec 10 cl d'eau. Ajouter le kirsch.

Émincer la moitié des fraises et les répartir sur la pâte brisée sucrée. Couvrir de biscuits à la cuiller. Verser dessus le sirop au kirsch. Disposer sur les biscuits le reste des fraises coupées en deux.

Monter les blancs d'œufs en neige avec 50 g de sucre. Couvrir la tourte du mélange à l'aide d'une poche à douille cannelée.

Mettre le four en position gril. Enfourner la tourte pendant 5 à 10 minutes jusqu'à ce que la meringue prenne et servir.

Décorer les assiettes de fraises des bois.

TOURTE DE FRUITS AU COINTREAU

Préparation : 45 min – Cuisson : 1 h 6 pers. XXX OO

50 cl de lait / 500 g de sucre / 6 œufs / 6 cuil. à soupe de Cointreau / 175 g de farine / 2 cuil. à café d'essence de vanille / 25 cl de pulpe d'abricots / 3 brugnons / 250 g de fraises / 1 grappe de raisins / 1 banane / 1 cuil. à café de levure / 400 g de pâte brisée sucrée (p. 12) / Une pincée de sel.

Dans une casserole, faire chauffer le lait avec 50 g de sucre.

Mélanger 2 œufs avec 50 g de sucre et la moitié du Cointreau.

Ajouter 35 g de farine et 3 cl de lait. Verser dans la casserole avec le lait. Faire bouillir pendant 10 minutes sur feu doux. Ajouter 1 cuillerée à café d'essence de vanille. Couvrir la crème pâtissière et réfrigérer.

Mélanger 200 g de sucre avec la pulpe d'abricots dans une casserole et faire bouillir pendant 5 minutes sur feu doux. Couvrir le sirop d'abricot et réfrigérer.

Séparer les 4 blancs d'œufs des jaunes. Monter les blancs d'œufs en neige et incorporer petit à petit 100 g de sucre.

Battre les jaunes d'œufs avec 100 g de sucre. Ajouter 7 cl d'eau et le reste d'essence de vanille. Battre jusqu'à l'apparition d'une mousse. Mélanger doucement avec les blancs en neige.

Mélanger avec 140 g de farine, la levure et une pincée de sel.

Dans un moule à tarte beurré, poser la préparation.

Enfourner à 180 °C (th. 6) pendant 15 minutes.

Laver, sécher, peler et émincer les fruits. Verser la crème pâtissière sur la pâte, couvrir avec les fruits. Arroser les fruits de l'autre moitié du Cointreau et de sirop d'abricot. Couvrir avec un disque de pâte brisée sucrée et réunir les rebords des deux pâtes. Au centre, creuser un trou et y mettre une cheminée en papier d'aluminium.

Décorer le dessus.

Enfourner pendant 15 minutes à 180 °C (th. 6).

Laisser refroidir et servir.

Décorer les assiettes avec des fruits.

TOURTE DE FROMAGE BLANC À LA VANILLE

Préparation : 30 min – Cuisson : 45 min 8 pers.

100 g de beurre / 150 g de crackers nature / 1 clémentine / Une pincée de gingembre / Une pincée de cannelle / 750 g de fromage blanc frais maigre / 100 g de sucre glace / 1 cuil. à café de farine / 1 sachet de sucre vanillé / 1 cuil. à soupe d'essence de vanille / 4 œufs + 2 jaunes / 100 g de crème fraîche épaisse / 200 g de pâte brisée sucrée (p. 12) / Sel.

Faire fondre le beurre au bain-marie. Le faire refroidir.

Écraser les crackers. Laver, sécher la clémentine. Retirer le zeste et presser le jus.

Mélanger le jus et le zeste avec le beurre, les crackers, le gingembre et la cannelle.

Étaler cette pâte au fond d'un moule à tarte. Faire cuire au four pendant 10 minutes à 180 °C (th. 6).

Faire refroidir.

Mélanger le fromage blanc avec le sucre glace, la farine, le sucre vanillé et l'essence de vanille. Saler. Incorporer 4 œufs et 1 jaune avec la crème.

Verser la garniture sur le fond de pâte. Couvrir avec le disque de pâte brisée sucrée et réunir les rebords des deux pâtes. Au centre, creuser un trou et y mettre une cheminée en papier d'aluminium.

Badigeonner le dessus de jaune d'œuf et le décorer.

Enfourner pendant 35 minutes à 180 °C (th. 6).

Laisser refroidir la tourte dans le four entrouvert.

Servir froid au petit-déjeuner avec un thé parfumé.

TOURTE DE MYRTILLES AU JUS DE CLÉMENTINE

Préparation : 15 min – Cuisson : 40 min 6 pers.

500 g de myrtilles / 1 clémentine / 1 cuil. à soupe de farine / 125 g de sucre roux / 25 g de beurre / 400 g de pâte brisée sucrée (p. 12) / 1 jaune d'œuf.

Laver, sécher les myrtilles. Presser le jus de la clémentine, le mélanger aux myrtilles avec la farine, le sucre et le beurre fondu.

Dans un moule à tarte beurré, poser un disque de pâte brisée sucrée. Piquer la pâte avec une fourchette. Verser les myrtilles. Couvrir avec un disque de pâte brisée sucrée et réunir les rebords des deux pâtes. Creuser un trou au centre et mettre une cheminée en papier d'aluminium.

Badigeonner le dessus de jaune d'œuf et le décorer.

Enfourner pendant 40 minutes à 180 °C (th. 6).

Servir avec une crème fouettée parfumée au miel toutes fleurs et un jus d'orange frais.

TOURTE DE FRUITS EXOTIQUES

Préparation : 15 min – Cuisson : 35 min 6 pers.

3 mangues / 25 g de beurre / 400 g de pâte brisée sucrée (p. 12) / 1 pot de confiture d'ananas / 1 jaune d'œuf.

Découper les mangues : les séparer en deux. Inciser la pulpe en damier et pousser du côté de la peau pour ouvrir les découpes, les retirer à l'aide d'un couteau.

Dans un moule à tarte beurré, poser un disque de pâte brisée sucrée. Piquer la pâte avec une fourchette. Parsemer des cubes de mangue et couvrir de confiture d'ananas. Couvrir avec un disque de pâte brisée sucrée et réunir les rebords des deux pâtes.

Badigeonner le dessus de jaune d'œuf et le décorer.

Enfourner pendant 35 minutes à 180 °C (th. 6) et servir.

Décorer les assiettes de fines tranches de mangue.

TOURTE DE FRUITS ROUGES AU GRAND MARNIER

Préparation : 10 min – Cuisson : 35 min 6 pers.

500 g de fruits rouges (cassis, fraises, framboises, myrtilles et groseilles) / 50 g de sucre en poudre / 2 œufs + 1 jaune / 20 cl de crème fraîche / 2 cuil. à soupe de Grand Marnier / 400 g de pâte sablée.

Laver et sécher les fruits rouges.

Mélanger le sucre avec les 2 œufs et la crème fraîche. Verser le Grand Marnier.

Dans un moule à tarte beurré, poser un disque de pâte sablée. Piquer la pâte avec une fourchette. Verser les fruits rouges puis la crème. Couvrir avec un disque de pâte sablée et réunir les rebords des deux pâtes. Au centre, creuser un trou et y mettre une cheminée en papier d'aluminium. Badigeonner le dessus de jaune d'œuf et le décorer.

Enfourner pendant 35 minutes à 180 °C (th. 6).

Servir tiède ou froid.

Décorer les assiettes de fruits rouges.

TOURTE DE NOISETTES ET SA CRÈME FOUETTÉE

Préparation : 10 min – Cuisson : 45 min 8 pers. ✕ O

50 cl de crème fraîche / 300 g de sucre en poudre + 2 cuil. à café / 300 g de noisettes sans peau / 25 g de beurre / 400 g de pâte sablée / 1 jaune d'œuf / 2 cuil. à soupe de cacao / 1 cuil. à café d'extrait de vanille.

Dans une casserole, faire chauffer pendant 5 minutes sur feu doux 25 cl de crème avec 300 g de sucre et les noisettes écrasées.

Dans un moule à tarte beurré, poser un disque de pâte sablée. Piquer la pâte avec une fourchette. Verser la garniture aux noisettes. Couvrir avec un disque de pâte sablée et réunir les rebords des deux pâtes. Creuser un trou au centre et mettre une cheminée en papier d'aluminium.

Badigeonner le dessus de jaune d'œuf et le décorer.

Enfourner pendant 40 minutes à 180 °C (th. 6).

Mélanger 25 cl de crème avec le cacao, 2 cuillerées à café de sucre et l'extrait de vanille. Fouetter énergiquement pendant 5 minutes.

Réfrigérer la tourte et la crème fouettée.

Servir l'ensemble froid.

TOURTE À LA PULPE DE NOIX DE COCO AU RHUM

Préparation : 10 min – Cuisson : 45 min 6 pers. ✕ OO

25 cl de lait / 1 gousse de vanille / 75 g de beurre / 100 g de sucre en poudre / 200 g de pulpe de noix de coco râpée / 4 cuil. à soupe de rhum / 25 g de beurre / 200 g de pâte sablée / 200 g de pâte brisée sucrée (p. 12) / 1 jaune d'œuf.

Dans une casserole, verser le lait avec la gousse de vanille coupée en deux dans le sens de la longueur, le beurre et le sucre. Faire chauffer sur feu doux jusqu'à ébullition. Éteindre le feu. Ajouter la noix de coco et le rhum.

Dans un moule à tarte beurré, poser un disque de pâte sablée. Piquer la pâte avec une fourchette. Verser la garniture à la pulpe de noix de coco. Couvrir avec un disque de pâte brisée sucrée et réunir les rebords des deux pâtes.

Badigeonner le dessus de jaune d'œuf et le décorer.

Enfourner pendant 40 minutes à 180 °C (th. 6) et servir.

Décorer les assiettes avec de la noix de coco râpée.

TOURTE AUX PÊCHES CITRONNÉE ET MERINGUÉE

Préparation : 15 min – Cuisson : 50 min 6 pers.

500 g de pêches / 1 citron / 4 œufs / 100 g de sucre en poudre / 100 g d'amandes en poudre / 2 cuil. à soupe de farine / 50 cl de lait / 25 g de beurre / 200 g de pâte demi-feuilletée (p. 14) / 125 g de sucre glace.

Peler, dénoyauter et couper les pêches en deux.

Presser le jus de la moitié du citron.

Mélanger le jus de citron avec 4 jaunes d'œufs, le sucre, les amandes en poudre, la farine et le lait.

Dans un moule à tarte beurré, poser un disque de pâte demi-feuilletée. Piquer la pâte avec une fourchette. Poser les demi-pêches puis verser la garniture citronnée.

Enfourner pendant 40 minutes à 180 °C (th. 6). Laisser reposer la tarte.

Battre les 4 blancs en neige et mélanger avec le sucre glace. Répartir sur la tarte et enfourner pendant 10 minutes jusqu'à ce que la tarte soit devenue une tourte meringuée.

Manger tiède ou froid.

Décorer les assiettes de fines tranches de citron et de pêche.

TOURTE DE POMMES AUX PIGNONS ET AUX NOISETTES

Préparation : 30 min – Cuisson : 45 min 8 pers.

1 kg de pommes / 1 citron / 10 cl de jus de pomme / 100 g de miel / 1 cuil. à café de cannelle / 1 bâton de vanille / 1 œuf / 100 g de pignons de pin / 100 g de noisettes / 25 g de beurre / 400 g de pâte brisée sucrée (p. 12).

Peler les pommes, les épépiner et les couper en petits morceaux. Presser le jus du citron.

Dans un faitout, faire cuire les pommes avec les jus de pomme et de citron, le miel, la cannelle et le bâton de vanille pendant 10 minutes sur feu moyen. Enlever le bâton de vanille.

Monter le blanc d'œuf en neige et le mélanger avec les pommes, les pignons et les noisettes concassées.

Dans un moule à tarte beurré, poser un disque de pâte brisée sucrée. Piquer la pâte avec une fourchette. Verser la garniture. Couvrir avec un disque de pâte brisée sucrée et réunir les rebords des deux pâtes.

Badigeonner le dessus de jaune d'œuf et le décorer.

Enfourner pendant 45 minutes à 180 °C (th. 6).

Laisser refroidir la tourte dans le moule.

Décorer les assiettes avec un filet de miel.

TOURTE DE POIRES AUX AMANDES ET LEURS LIQUEURS

Préparation : 15 min – Cuisson : 50 min 6 pers.

6 poires / 125 g de beurre / 1 gousse de vanille / 1 cuil. à soupe de liqueur de poire / 80 g de poudre d'amande / 80 g de sucre en poudre / 1 cuil. à soupe de liqueur d'amande / 400 g de pâte feuilletée / 1 jaune d'œuf.

Peler, épépiner et couper les poires en fines tranches.

Dans une poêle, faire cuire les poires dans 25 g de beurre pendant 15 minutes sur feu doux avec la gousse de vanille coupée en deux dans le sens de la longueur. Mélanger avec la liqueur de poire.

Mélanger la poudre d'amande avec 75 g de beurre, le sucre et la liqueur d'amande.

Dans un moule à tarte beurré, poser un disque de pâte feuilletée. Piquer la pâte avec une fourchette. Verser la garniture à la poudre d'amande, puis celle aux poires. Couvrir avec un disque de pâte feuilletée et réunir les rebords des deux pâtes.

Badigeonner le dessus de jaune d'œuf et le décorer.

Enfourner pendant 35 minutes à 180 °C (th. 6).

Servir tiède.

Décorer les assiettes avec de fines tranches de poire.

TOURTE DE POIRES ET DE POMMES À L'EAU DE ROSE

Préparation : 15 min – Cuisson : 40 min 6 pers.

500 g de pommes / 500 g de poires / 75 g de beurre / Deux pincées d'anis / 2 cuil. à soupe d'eau de rose / 1 cuil. à soupe de miel / 400 g de pâte brisée sucrée (p. 12) / 20 g de biscuits à la cuiller / 1 jaune d'œuf.

Éplucher les pommes et les poires. Les couper en fines lamelles. Faire fondre 50 g de beurre dans une casserole au bain-marie. Mélanger les fruits au beurre. Ajouter l'anis, l'eau de rose et le miel. Bien mélanger avec les biscuits émiettés.

Dans un moule à tarte beurré, poser un disque de pâte brisée sucrée. Piquer la pâte avec une fourchette. Parsemer de biscuits à la cuiller émiettés. Verser la garniture. Couvrir avec un disque de pâte brisée sucrée et réunir les rebords des deux pâtes.

Badigeonner le dessus de jaune d'œuf et le décorer.

Enfourner pendant 40 minutes à 180 °C (th. 6).

Décorer les assiettes avec un filet de miel.

TOURTE DE RAISINS FRAIS AUX POUDRES D'AMANDE ET DE NOISETTE

Préparation : 15 min – Cuisson : 50 min 6 pers.

2 œufs + 1 jaune / 100 g de sucre roux / 25 g de poudre d'amande / 25 g de poudre de noisette / 50 g de farine / 1 kg de raisin blanc / 25 g de beurre / 400 g de pâte brisée (p. 12) / 4 cuil. à soupe de gelée de groseille.

Mélanger les 2 œufs avec le sucre, les poudres et la farine.

Égrener, laver, sécher et ôter les grains des raisins. Les mélanger à la crème.

Dans un moule à tarte beurré, poser un disque de pâte brisée. Piquer la pâte avec une fourchette. Étaler la gelée de groseille sur le fond de pâte. Verser la garniture au raisin. Couvrir avec un disque de pâte brisée et réunir les rebords des deux pâtes. Au centre, creuser un trou et y mettre une cheminée en papier d'aluminium.

Badigeonner le dessus de jaune d'œuf et le décorer.

Enfourner pendant 50 minutes à 180 °C (th. 6).

Laisser refroidir la tourte dans le moule.

Décorer les assiettes de raisin et de gelée de groseille.

TOURTE DE RAISINS SECS

Préparation : 10 min – Cuisson : 50 min – Trempage : 30 min 8 pers.

200 g de raisins secs / 25 cl de lait / 4 jaunes d'œufs / 100 g de sucre en poudre / 1 sachet de sucre vanillé / 30 g de farine / 25 g de beurre / 400 g de pâte brisée sucrée (p. 12).

Faire tremper les raisins dans un bol d'eau tiède pendant 30 minutes.

Dans une casserole, faire chauffer le lait sur feu doux pendant 2 minutes.

Mélanger 3 jaunes d'œufs avec le sucre en poudre, le sucre vanillé et la farine. Verser dans le lait.

Faire cuire pendant 3 minutes sur feu doux tout en remuant.

Égoutter les raisins, les verser dans la crème et bien mélanger.

Dans un moule à tarte beurré, poser un disque de pâte brisée sucrée. Piquer la pâte avec une fourchette. Verser la garniture. Couvrir avec un disque de pâte brisée sucrée et réunir les rebords des deux pâtes.

Badigeonner le dessus de jaune d'œuf et le décorer.

Enfourner pendant 45 minutes à 180 °C (th. 6).

Laisser refroidir la tourte dans le moule et servir.

Décorer les assiettes de sucre vanillé.

TOURTE DE PRUNEAUX ET DE POMMES AU VIN ROUGE

Préparation : 10 min – Cuisson : 1 h — 6 pers. ✕ O

300 g de pruneaux / 25 cl de vin rouge / 100 g de sucre roux / 400 g de pommes / 25 g de beurre / 400 g de pâte brisée sucrée (p. 12) / 100 g de pignons de pin / 1 jaune d'œuf.

Dénoyauter les pruneaux et les cuire dans une casserole avec le vin et la moitié du sucre pendant 15 minutes sur feu moyen.

Peler, épépiner et couper les pommes en fines lamelles.

Dans un moule à tarte beurré, poser un disque de pâte brisée. Piquer la pâte avec une fourchette. Verser les pommes et les pruneaux soigneusement égouttés. Parsemer de pignons de pin. Saupoudrer du reste de sucre.

Couvrir avec un disque de pâte brisée et réunir les rebords des deux pâtes. Au centre, creuser un trou et y mettre une cheminée en papier d'aluminium.

Badigeonner le dessus de jaune d'œuf et le décorer.

Enfourner pendant 45 minutes à 180 °C (th. 6).

Laisser refroidir la tourte dans le moule et servir.

Décorer les assiettes avec de la crème et du sucre roux.

TOURTE DE RHUBARBE CHOCOLATÉE

Préparation : 30 min – Cuisson : 45 min — 8 pers. ✕✕ O
Repos : 20 à 30 min

350 g de rhubarbe / 100 g de sucre roux / 3 œufs + 1 jaune d'œuf / 10 cl de crème fraîche liquide / 50 g de chocolat / 25 g de beurre / 400 g de pâte briochée (p. 14).

Éplucher la rhubarbe et la couper en rondelles. La faire cuire dans une casserole d'eau bouillante pendant 10 minutes.

Mélanger le sucre et les 3 œufs avec la crème liquide et le chocolat préalablement fondu.

Dans un moule à tarte beurré, poser un disque de pâte briochée. Piquer la pâte avec une fourchette. Verser la garniture. Couvrir avec un disque de pâte briochée et réunir les rebords des deux pâtes.

Couvrir la tourte d'un linge et laisser lever au chaud pendant 20 à 30 minutes.

Badigeonner le dessus de jaune d'œuf et le décorer.

Enfourner pendant 35 minutes à 180 °C (th. 6).

Décorer les assiettes d'un filet de chocolat fondu.

TABLE DES MATIÈRES

Dépôt légal 4e trim. 2004 - n° 2900

Imprimé en U.E.